地域批評シリーズ㊸

これでいいのか
北海道札幌市

まえがき

本書は2011年11月に刊行された『日本の特別地域29 これでいいのか北海道札幌市』と、2013年12月の『日本の特別地域53 これでいいのか北海道札幌市第2弾』を加筆訂正の上、再構成したものである。

札幌のイメージは良い。「いつかは住んでみたい街」ランキングでは、毎回上位に食い込んでくるし、イメージの良さランキングでも同様だ。人口はほぼ減ることなく増え続けているし、「人はおおらかで優しい」「碁盤の目でわかりやすい街並み」「買い物が便利」など、あらゆる面で評価が高い。

だが、札幌市は、外から見える姿と実像が、日本の中でもっとも違う都市だ。確かに札幌は北海道でダントツの大都市だが、東京や大阪、名古屋といった都市圏とは比べるべくもない。北海道は不景気真っ盛りで札幌も決して好調とはいえず、生活保護は増加傾向。内情はかなりボロボロだ。それでも、市民は「札幌市は大都市」だし「まあ大丈夫ですよ」とのんびり構えている。

まあ、これこそが、札幌の魅力なのだ。一度暮らすと二度と離れがたくなる街が札幌であり、職を求めて札幌を去った若者たちも、帰巣本能に促されハトのように「札幌に帰りたい」とつぶやかせる。これを、我々は「既に滅んでいるパラダイス」と名付け、それをある程度立証してきた。

そして今、「既に滅んで」いた街は、再生の時を迎えているようにみえる。北海道新幹線の札幌到達を目前に控え、中心部では活発な再開発が進行中。2度目のオリンピック開催を目指している中、ひょんなことから2020年東京オリンピックのマラソン・競歩の会場となり、あらゆる面で盛り上がりを見せている。

だが、街とそこに暮らす人々は、そう簡単に変わるものではない。本書は、まず元来の札幌市民ののんびり体質と、そうした人々を引き寄せる「魔力」を解明。それを踏まえた上で、急速な発展の実情と課題。そこからみえる札幌の変化と、変わらない本質を再度検証していく。今の札幌の、本当の姿はいかなるものなのか、そしてその未来はどうなっていくのか。再度の綿密な取材と各種統計データ分析から探った。これまでもこれからも札幌を覆う「魔力」の真実に、肉薄していこう。

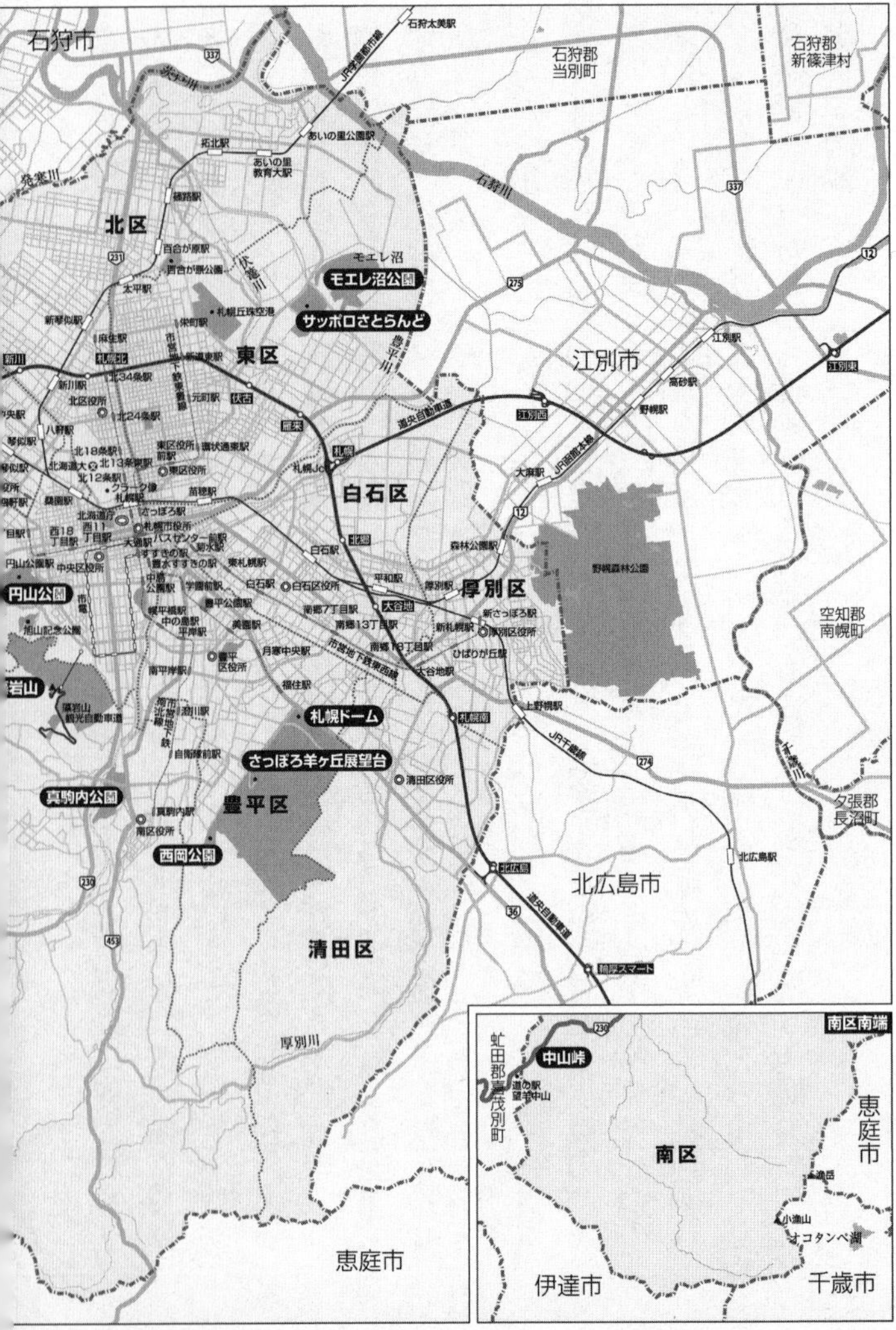

石狩市
石狩郡
当別町
石狩郡
新篠津村
石狩太美駅
JR学園都市線
あいの里公園駅
拓北駅
あいの里
教育大駅
発寒川
石狩川
篠路駅
北区
百合が原駅
百合が原公園
太平駅
伏篭川
モエレ沼
モエレ沼公園
札幌丘珠空港
サッポロさとらんど
新琴似駅
麻生駅
栄町駅
市営地下鉄東豊線
新道東駅
東区
豊平川
新川
札幌北
北34条駅
新川駅
元町駅
伏古
北区役所
北24条駅
八軒駅
雁来
道央自動車道
江別西
江別市
江別駅
高砂駅
野幌駅
江別東
東区役所前駅
環状通東駅
北18条駅
北13条東駅
北海道大
北12条駅
東区役所
クラーク像
札幌駅
札幌
札幌Jct
白石区
JR函館本線
大麻駅
苗穂駅
北海道庁
さっぽろ駅
札幌市役所
西18丁目駅
西11丁目駅
大通駅
バスセンター前駅
菊水駅
すすきの駅
豊水すすきの駅
東札幌駅
白石駅
北郷
森林公園駅
野幌森林公園
円山公園駅
中央区役所
円山公園
市電
中島公園駅
学園前駅
白石駅
白石区役所
平和駅
厚別駅
厚別区
大谷地
南郷7丁目駅
豊平公園駅
幌平橋駅
中の島駅
平岸駅
美園駅
南郷13丁目駅
新さっぽろ駅
新札幌駅
厚別区役所
旭山記念公園
南郷18丁目駅
市営地下鉄東西線
月寒中央駅
ひばりが丘駅
豊平区役所
大谷地駅
空知郡
南幌町
南平岸駅
藻岩山
藻岩山観光自動車道
福住駅
澄川駅
市営地下鉄南北線
札幌ドーム
札幌南
上野幌駅
JR千歳線
自衛隊前駅
さっぽろ羊ヶ丘展望台
清田区役所
千歳川
真駒内公園
真駒内駅
豊平区
夕張郡
長沼町
南区役所
西岡公園
北広島駅
北広島
北広島市
道央自動車道
清田区
輪厚スマート
厚別川
恵庭市
南区南端
虻田郡喜茂別町
中山峠
道の駅望羊中山
南区
恵庭市
漁岳
小漁山
オコタンペ湖
伊達市
千歳市

札幌市地図

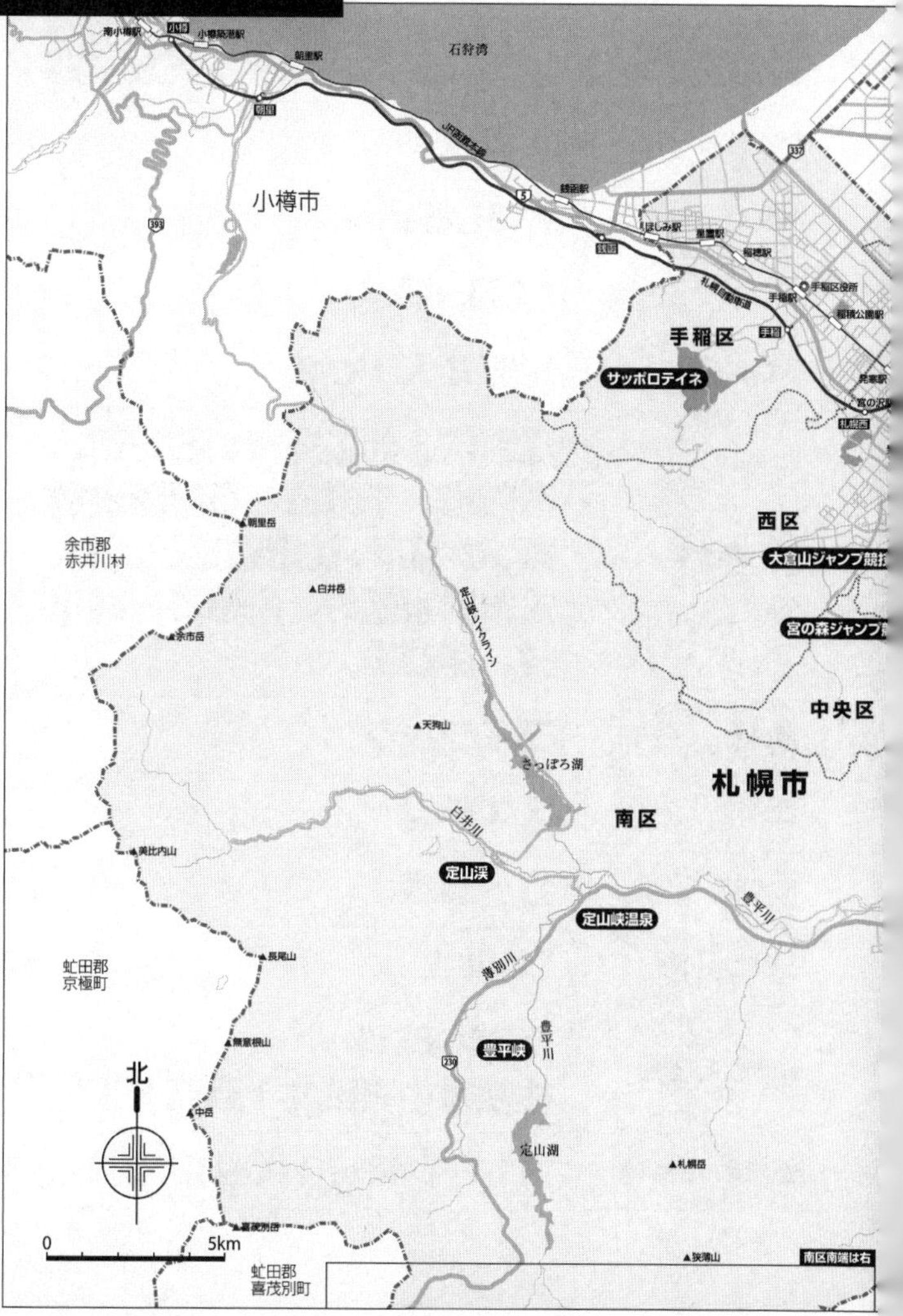

南小樽駅
小樽
小樽築港駅
朝里駅
石狩湾
朝里
JR函館本線
小樽市
393
5
銭函駅
銭函
ほしみ駅
星置駅
稲穂駅
手稲区役所
手稲駅
稲積公園駅
札幌自動車道
337
手稲区
手稲
サッポロテイネ
発寒駅
札幌西
余市郡
赤井川村
朝里岳
白井岳
余市岳
定山渓レイクライン
西区
中央区
天狗山
さっぽろ湖
札幌市
南区
白井川
美比内山
定山渓
定山渓温泉
豊平川
薄別川
長尾山
虻田郡
京極町
無意根山
豊平峡
豊平川
230
北
中岳
定山湖
札幌岳
喜茂別岳
0
5km
狭薄山
南区南端は右
虻田郡
喜茂別町

札幌市基礎データ

都道府県	北海道
面積	1,121.26km2
人口	1,970,420 人
人口密度	1757.3 人 /km2
隣接自治体	江別市、北広島市、石狩市、恵庭市、千歳市、石狩郡当別町、小樽市、虻田郡喜茂別町、虻田郡京極町、余市郡赤井川村、伊達市
市の木	ライラック
市の花	スズラン
市の鳥	カッコウ
団体コード	01100-2
市庁舎所在地	〒 060-8611 札幌市中央区北 1 条西 2 丁目
市庁舎電話番号	011-222-4894（代表）

※総面積は 2018 年 10 月現在。人口は 2019 年 11 月現在

第1章
札幌市って
どんなトコ

大むかしは比較的「のほほん」な土地だった

日本のオリジナルは北海道にあり？

地域を理解、というか「なんでこうなってるの？」という疑問に答えるには、やはり歴史的背景を知ることが欠かせない。というわけで、本シリーズではそれを知ることを重視しているのだが、残念なことに北海道にはあまり歴史がない……。

というのは大ウソで、文字記録が極端に少ないことと、いわゆる「日本国家」との本格的な交流が近世にいたるまで深くなかったことで、「日本史に登場することが非常に少なかった」だけである。北海道も、歴史深い由緒ある土地であるという点において、他の地域に劣るものではない。

人類は、アフリカで誕生し、世界各地に散らばっていったとする説が一般的だが、北海道はその長い旅の中でもユーラシア圏最後の踊り場的な場所であった。紀元前１万２０００年頃、人類はベーリング海峡（このころは地続きだったのでベーリング地峡、陸橋などと呼ばれる）を渡り現在の北米に到達した。そこからどんどんと南下していき、最終的には南米を縦走し地球制覇となるのだが、当然ながら手前で留まった者も多い。これを元祖・北海道人と見ても間違いは少ないだろう。

氷河期が終わると、今度は水位を増した海によって人類は分断される。北海道も同様で、「手前」のユーラシア大陸側に留まった仲間、「南」の本州、「先」のアメリカ大陸と海で隔てられた。日本の最初の文明時代である「縄文」はこの時期に発生している。

縄文文化の分布は広く、宗谷岬・千島列島から沖縄本島・朝鮮半島南部までが確認されており、これを担ったのは北方系人種と南方系人種の混合とされている。元祖・北海道人は当然ながら北方系の可能性が高く、後の日本人を形成した縄文オリジナル集団のひとつと考えても、差し支えはないであろう。

米が来なくて独自の道を!

さて、このように有力な「日本人集団」のひとつであった北海道だが、歴史は大きく舵をとる。紀元前3世紀ごろ。お隣中国では早くも大規模な国家間戦争が起こっていた戦国時代だが、日本列島に決定的な変化が現れる。そう「米」の普及である。

米の日本への伝播は相当古く、今のところ古いもので6000年程度前のものが発見されているので、縄文時代の中期からとみられている。これが数千年かけて九州から北上するのだが、関東を越えたあたりでその勢いは鈍化する。これが後の「日本国」と北海道を分ける大きなきっかけとなった。

米は、そもそも現在の中国南部のどこかで生まれた(雲南省起源といわれてきたが、湖南省でもっと古い物が発見されている)という、つまり温暖な場所で育つもの。現在と違って高度な栽培技術などない古代において、気候の適していない場所で農作物を育てるのはナンセンスだ。稲作は、最終的に本州北端まで普及したが、北海道では盛んにならなかった。これにより「縄文」という

北海道の主な歴史（太古～12世紀）

西暦	出来事
約2万年前	マンモスを追って人類が進出
約14000年前	縄文時代が始まる
紀元前3世紀頃	本州北端まで稲作が広がる
紀元前1世紀頃	鉄器の流入が始まる。北海道独自の続縄文時代へ
5世紀頃	オホーツク人が樺太などへ進出。中国との交易が確認される
7世紀頃	擦文文化が始まる
658年	阿倍比羅夫の蝦夷征伐始まる。大和朝廷による蝦夷（東北）侵略が本格化
802年	アテルイ率いる蝦夷軍が降伏。これにより「純蝦夷勢力」の抵抗が終焉に向かう
11世紀初頭	蝦夷系大豪族安倍氏が東北地方で勢力を増す
1051年	前九年の役始まる。朝廷軍、安倍軍に苦戦
1062年	源頼義、安倍軍を撃破。安倍氏嫡流は津軽に逃れ安東氏を名乗る。頼義に協力した清原氏が東北地方の大勢力に
1083年	清原氏の内部抗争。後三年の役始まる
1087年	頼義の嫡子、源義家が勝利し後三年の役終結。義家に付いた清原清衡が藤原姓に改姓し、奥州藤原氏が始まる。藤原氏の勢力が北海道まで伸びる
1189年	鎌倉幕府軍により奥州藤原氏滅亡。軍功のあった安倍氏の末裔である安東氏が津軽守護、蝦夷管領に。また現在の岩手県一帯に甲斐源氏系の南部氏が入る
1250年頃～	樺太方面にモンゴル勢力が進入。アイヌが抵抗
	この頃から北海道で現在に残るアイヌ文化が始まる

※各種資料より作成

文明をゆるく共有していた北海道と本州以南に違いが生ずる。本州が稲作を軸とした「弥生」へ移行する中、北海道では先に述べた紀元前3世紀頃から縄文の発展型である続縄文時代へ移行し、飛鳥時代から鎌倉時代にかけてはさらにその発展である擦文文化（本州の弥生式土器に影響を受けたとされる擦文式土器を特徴とする）が続く。

この間も、絶え間なく本州やシベリア、中国やその北方民族との交流は続いていたが、海を隔てていたこと、「米」の農地としての魅力が薄いことなどさまざまな要因から、血みどろの「文明国」に巻き込まれることは少なく、あくまでも比較的という話ではあるが、平和にのほほんと暮らしてきたのが北海道の前史である。

稲作は東〜東南アジアを中心とする広大な地域に富と発展をもたらしたが、同時に大戦争や権力者の収奪もワンセットとなっている。それがなかった北海道は世界史的にはまったりとした発展をすすめていったのである。

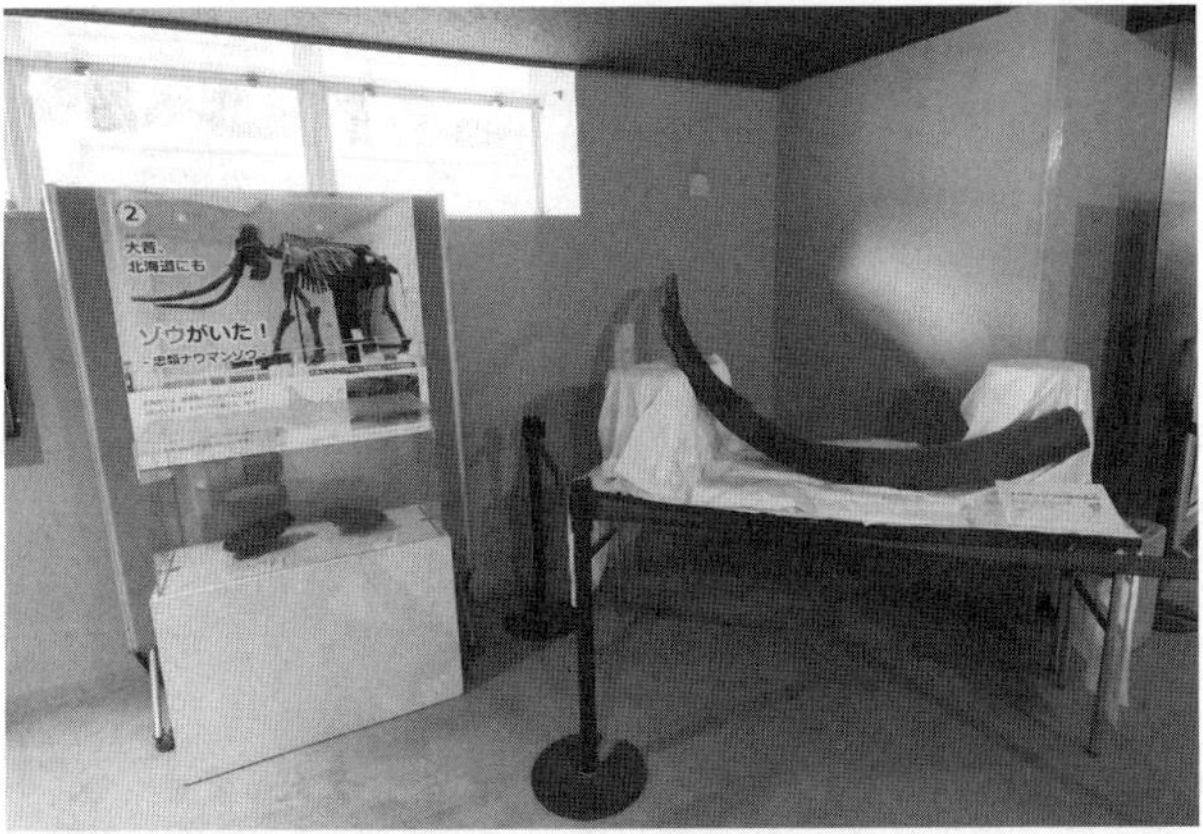

主な食料であった象を追ってはるばる移動を続けた人類。北海道へ到達したのは約2万年前で、そこから北海道での定住も始まった

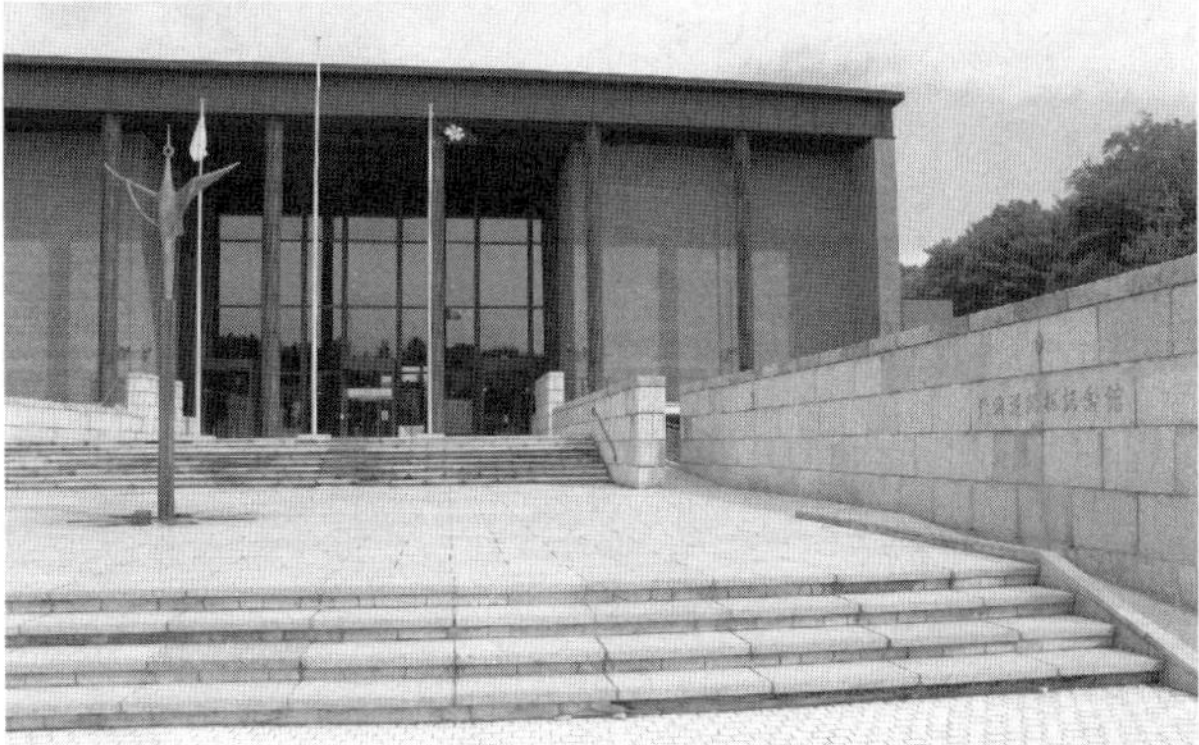

こちらは北海道開拓記念館。札幌市民は学校行事などでもやってくる定番スポット

あんがい血生臭い北海道の中世&近世

「アイヌ社会」の成立と崩壊

グローバルスタンダードの血みどろ農耕社会から別離した北海道。日本を含む世界の「文明」が強力な鉄の武器や馬で武装し、農耕技術を発展させて食糧供給力を飛躍的に高めた結果、人口は右肩上がり。結果としてちょっとの供給量不足ですぐに大飢饉→大戦争というすばらしき「発展」を遂げる中、のんびりと高度な土器を作り続けて数百年。10〜13世紀ごろには鉄器の使用が本格化し、ついに「アイヌ文化」へと進む。さて、擦文時代からアイヌ文化時代初期についてだが、これも文字資料や遺跡の少なさからやはりはっきりしたころは分かっていない。しかし、近い関係であった東北地方の歴史を見ると、どのような状態にあったかはおおよそ想像できるようだ。

奈良時代以降の東北地方は、近畿の朝廷との間で長い抗争と吸収の歴史をたどった。東北の大勢力として安倍氏、清原氏、そして奥州藤原氏と蝦夷系の大勢力が登場（これらは安倍氏の血統が濃いので安倍＝蝦夷系勢力と見ていいだろう）。朝廷勢力と数百年にわたって抗争を繰り返した。

この朝廷（後に幕府）と敵対、もしくは独立状態にあった最後の東北大勢力は奥州藤原氏だが、このころの資料でようやく北海道の存在が明確に確認できるようになる。奥州藤原氏の影響力は北海道にも及んでいたようで、おそらく同族に近い感覚で、ゆるい支配か交易関係にあったとみられる。奥州藤原氏が鎌倉からの侵略を受けた際は、最終的に北海道に逃げようとしたことからも、このあたりは確実とみてよさそうだ。

その後、東北の独自性はかなり失われ、現在の秋田県などを武家化した安倍系嫡流である安東（安藤）氏（後の秋田氏）、岩手県などに甲斐源氏系の南部（武田）氏、福島県など南部には関東武士団が入る形になった。北海道と密接な関係を持つようになったのは、主に安東・南部系の武家である。

さて、これが鎌倉幕府成立頃の東北情勢だが、肝心の北海道では鉄器の普及が本格化。幕府勢力との交易で「鮭の燻製や毛皮を売って米を買う」システムが確立されていく。これが「アイヌ文化」時代である。こうした経済体制が整ったことで、のんびりした北海道でもやはり血みどろの権力闘争が本格化していったようだ。狩猟や漁業は「シマ」の奪い合いがつきものであるため、この時代以前にも当然抗争はあったはずだが、流通経済が発展するとそれは大規模化する。また、鎌倉時代は安東家が「蝦夷管領」となり、北海道貿易を主導。このあたりからそれまで（比較的）ゆるい関係であった東北と北海道、もしくは幕府と北海道の関係が敵対的になっていく。

北海道搾取から侵略の時代へ

室町時代に安東家と南部家の内部分裂と抗争で安東家の一部が松前に逃亡する事件が発生し、ついに「和人」の本格的な北海道定住が始まる。その後、安東系・南部系諸家が北海道進出を果たす。そして、１４５７年には和人とアイヌの本

北海道の主な歴史（15世紀～19世紀）

西暦	出来事
1450頃	安東氏、南部氏との争いに破れ松前地域に逃亡。これを機に北海道への和人進出・定住が本格化
1452年	武田（蛎崎）信広（後の松前氏の祖）が下北半島へ進出
1456年	コシャマインの戦い始まる
1457年	武田信広、コシャマイン軍を撃破
1512年	ショヤ・コウシの反乱発生
1515年	蛎崎光弘、ショヤ・コウシ兄弟を暗殺し乱を平定。この戦いの中で蛎崎氏が松前を本拠地とする素地が生まれる
1527年	タナイヌ親子の反乱
1552年	蛎崎氏「夷狄の商船往還の法度」を制定し北海道貿易を独占
1593年	蛎崎慶広、豊臣秀吉により蝦夷島主として認定
1599年	蛎崎氏、松前氏に改姓。松前藩始まる
1604年	徳川家康、蛎崎氏に北海道貿易の独占を認める。このころから北海道に金山が発見されはじめ、金山労働者とアイヌの対立が始まる
1653年	門別アイヌと静内アイヌの抗争始まる
1668年	静内アイヌ首長シャクシャイン、松前藩と全面戦争に
18世紀～	ロシアが北海道方面に進出を開始。江戸幕府内で「蝦夷地防衛」の必要性が叫ばれるようになる
1702年	商人飛騨屋久兵衛、蝦夷地へ進出。後に松前藩と結び権益を独占
1720年	商人による場所請負制が一般化
1740年	北海道産の海産物が対中輸出品として人気に。商人の収奪が一層激しくなる
1785年	幕府による蝦夷地探検が始まる
1789年	クナシリ・メナシの戦い
1792年	ロシア、漂流した大黒屋光太夫らを伴い根室へ。貿易開始を要求
1796年	高田屋嘉兵衛、箱館（現函館）に交易拠点を作る
1799年	ロシア脅威論によって北海道が幕府の直轄地に
1811年	ゴロウニン事件
1821年	松前藩の北海道支配が復活
1854年	ペリー来航により函館開港
1868年	明治政府、蝦夷地開拓の事宜三条を発布。奥羽越列藩同盟が新政府と対立。榎本武揚の幕府脱走軍が五稜郭へ
1869年	榎本軍降伏
1871年	北海道開拓使が札幌におかれる

※各種資料より作成

格的な抗争である「コシャマインの戦い」が発生した。「コシャマインの戦い」は和人の鍛冶職人とアイヌの口論から始まった殺人事件を発端とするようだが、これが戦争に発展したということは、アイヌの和人に対する不満がすでに大きくなっていたのだろう。その後もアイヌが蜂起し、北海道に進出していた武家勢力の城が陥落するなどの事件が10年に一度くらいのペースで発生。戦国時代に入ると安東・南部系諸家の戦いにアイヌ勢力が巻き込まれたり、同盟を結んで戦ったりとしつつ、最終的に「コシャマインの戦い」でも主導的な役割を果たした蠣崎家（後の松前家）が、江戸幕府が成立するころには北海道交易の独占権を得るにいたった。

ここからが、北海道苦難の歴史の本格化である。松前藩は一般的な大名と違い、米の生産能力をほとんど有しておらず、北海道交易に特化することを幕府などから定められていた。アイヌ間の抗争に松前藩は積極的に介入。さらに北海道で金が発見され、北海道産の海産物などが対中貿易の重要品目となるなどし、和人の進出は加速。アイヌの不満はうなぎ登りとなり、頻繁に戦争が発生する。

有名なものとして江戸時代初期に発生した「シャクシャインの戦い」がある。１６５３年に発生した松前と結んだ門別のアイヌ勢力と静内のアイヌ勢力の戦いに始まり、これに敗北した静内の首長シャクシャインが１６６８年に門別の首長を殺害。事件は松前藩とアイヌ連合の本格戦争に発展した。結局戦いは松前藩の勝利に終わり、アイヌの指導者層は壊滅。これにより北海道は「交易相手」から「支配下」へとなってしまう。

１７２０年には、アイヌとの交易を商人に委託する場所請負制が定着し、収奪がさらに悪化。松前藩の横暴があまりにひどいとして一時北海道は幕府の直轄になったりもしたが（18世紀よりロシアの進出が懸念されていたことも大きな要因のひとつ）、なんだかんだで松前藩の北海道収奪は明治維新の時まで続いたのである。

江戸の末期にようやく「日本」となった!?

ついに「日本」の領土となった北海道

そもそも日本との関係が薄く、かなりの部分で独自の歩みをたどってきた北海道が、本格的に「日本」に取り込まれたのは江戸時代の末期からである。18世紀以降、世界の覇権がヨーロッパに傾くと、それ以前の先進地帯であった中東、アジアへヨーロッパ勢が進出。中でもロシアはシベリアへ勢力を伸ばした流れで北海道へもその触手を伸ばした。

江戸幕府はこの状況に対し、従来松前藩を通した「特別交易地帯」であった北海道全域を「日本国」の領土とし、直接支配に乗り出した。そして、江戸から明治へと政権が交代しても、この流れは変わらず、むしろ加速したのである。

江戸時代は「直接支配」とはいっても、財政の逼迫や他の問題に足を取られ、それほど開発が進んだわけでも軍事基地化が進んだわけでもなかったが、明治期に入ると大量の移民が流入する。これは、本土の政治状況の大きな影響を受けており、具体的には幕末の動乱で敗者となってしまった大名家の「島流し場所」としての面が強く、領土を失い困窮した旧幕府方の武士層や、逃亡兵が最初の「北海道移民」の大きな部分を占めた。その他の入植者となった平民層も似たようなもので、本土での生活に行き詰まり、新たなチャンスを求めて北海道に向かった人々は多い。つまり、食い詰めた人々が求めたフロンティアとなったのである。

先住民であるアイヌの生活は、農業に重きを置かない小集団による漁業・狩猟生活であった。こうしたスタイルでは自然環境に手を加える必要が薄かったのだが、ここからは違う。アイヌの猟場であった原生林は切り開かれ畑となり、米食に適さない寒冷地のためジャガイモなどの耕作が盛んになった。また酪農も進むなど、現在につながる産業が育成されていく。

北海道の主な歴史（19世紀～20世紀）

西暦	出来事
1869年	明治政府、蝦夷地を北海道と改称。出張所を函館に置く
1870年	黒田清隆、開拓使次官に
1871年	北海道開拓使長官を札幌に設置。札幌の街作りが本格化。中心部を札幌区とする
	岩手県より月寒・平岸・福住に移民
	仙台より白石に移民
1873年	稲作の実験が始まる。乳製品の製造も始まる
1875年	最初の屯田兵が琴似に入る
1876年	開拓使札幌学校が札幌農学校と改称。クラーク博士教頭就任
	開拓使麦酒醸造所（現在のサッポロビール）完成
1878年	札幌農学校演武場（現在の札幌市時計台）完成
1880年	札幌～手宮（小樽）間に鉄道が開通
1882年	札幌、函館、根室の3県が設置され、開拓使は廃止される
1883年	長野県、富山県などから厚別に移民
1884年	山口県より平和に移民
1885年	広島県より西野に移民
1886年	札幌、函館、根室の3県廃止。北海道が成立
	福井県より福井に移民
1888年	北海道庁旧本庁舎完成
1889年	北海道炭礦鉄道（現在の函館本線など）開業
1904年	屯田兵廃止
1910年	札幌村、苗穂村、上白石村、豊平村、山鼻村の各一部が、札幌区に編入
1918年	北海道帝国大学設置
1922年	札幌市成立
1925年	有限責任北海道製酪販売組合（現在の雪印メグミルク）創業
1941年	札幌市と丸山村合併

※各種資料より作成

ススキ野原に突如出現する都市

さて、ようやく札幌の登場である。現在の札幌市に本土人が定住し始めたのは江戸末期の西本願寺出張所が初となる。その後幕府の開発が始まったのだが、都市として本格化したのは明治に入り、この地に開拓使が置かれてからだ。行政の中心として開発が始まると、まず建築に携わる人々が集まる。これに伴いかなり早い段階で歓楽街が形成され、これらが現在のススキノに繋がっていく。それまでお寺があって運河の監視所があった程度の土地だった札幌の、都市化が始まるのである。

しかし、明治から大正にかけての札幌は、行政都市としての意味合いが強く、1920年に行われた最初の国勢調査でも人口は10万人ちょっと。港町である函館が14万人以上であったことをみてもわかる通り、現在のような「北海道はほとんど札幌でできている」レベルの中心ではなかった。札幌の人口が北海道ナンバーワンとなるのは1940年の調査を待たねばならず（この時点で約20万人）、ごく最近に至るまで、非常にこぢんまりとした街として、札幌はあり続けたのである。戦前の北海道は、農家、酪農家などが北海道全域にちらばり、都市に集中するスタイルではなかったのである。

こうして開発が進む中、「原住民」であったアイヌの「解体」は進んだ。明治期のアイヌは「帝国臣民」としては認められておらず、「日本人」とは別個の存在とされた。北海道開発の中で、アイヌは狩猟・漁業権を剥奪され、農耕民化が事実上強要された。初期には「居留地（付与地）」が定められそこに押し込められていたのだが、これらの土地も軍事利用などの都合で取り上げられ、集団としての生活は壊滅。１９３７年にようやく「帝国臣民」として制定され、事実上強要された「和人」との同化は終了したが、すでに民族集団としてのアイヌはほぼ消滅してしまっていたのである。

住みたい街ランキング上位
実は豪雪地帯だけど

「札幌」がつけばなんでも売れる!?

さて、ここまでみてきた歴史からもわかるように、札幌の街には「日本であって、日本じゃない」と感じさせる部分がある。北大に行けば、ポプラ並木を散歩しつつ、ヨーロッパの鄙びた田舎風景を思わせる農場を見ることができる。札幌農学校ではクラーク博士が英語で授業を行い、北海道開拓の先達としてお雇い外国人がゾロゾロとやってきたことも、影響しているだろう。

どこか西洋かぶれした雰囲気が街中にも漂い、札幌駅の外観デザインには明治洋風建築のディテールが取り入れられているし、ホテルモントレ札幌のようなヨーロッパ風のオシャレなホテルを通りすぎて時計台や北海道庁を見れば、開拓使時代の洋風建築と近代の足あとを感じる。

そんな異国の香り漂う札幌は、今でこそ本州の旅行者が「食べ物がおいしそうだし、一度は行ってみたい！」と旅先の候補地として真っ先に挙げるような魅力ある街に成長したが、明治以前は何もないところだったのはこれまでみてきた通り。北海道はアイヌの人々が和人と交易しつつ生活していたが、開拓使が1869（明治2）年に箱館（函館の旧名）に設置された開拓初期は、洋風でオシャレどころか開拓農民が足袋を履いて泥んこになって畑を耕していたのだ。

やがて本格的な札幌の開拓が進むと、明治時代の文明開化にいち早く乗っかって洋風の建物を建てまくり、外国人を呼んで学び、西洋かぶれの下地をつくっていった。1876年にはサッポロビールの前身となる開拓使麦酒醸造所が完成し、ドイツ醸造法のビール「冷製札幌麦酒」が評判に。

洋風化がうまいこと作用して、土臭い印象から垢抜けした、トレンディな今の札幌のイメージが発達していった。また、「札幌」の名前が観光都市の代名詞となり全国区になったのは、1972（昭和47）年の札幌オリンピック開催が決定打となった。オリンピックの開催地になったことで、日本全国のみならず、世界的にも「札幌」はブランドとなったのだ。

札幌の快進撃はここから始まったのではないだろうか。注目を集めて名前が知られたのを機に、ここぞとばかりに札幌は魅力をアピールし続け、「札幌の味噌ラーメンはおいしいですよ！」とラーメンのうまさを語れば、「ウニ、カニ、イクラ」だけで旅行客を惹きつける手管も覚えた。

ついには「札幌」と名前をつければどんな商売もうまくいくようになり、ラーメンだけでも「さっぽろラーメン横丁」に続き、ラーメンテーマパークの「札幌ら～めん共和国」まで作ってしまった。またラーメンといえば、群馬県に本社をおくサンヨー食品がインスタント麺の「サッポロ一番」シリーズを続々発売。こちらは「札幌」ブランドにのっかったわけではないだろうが、相乗効果で互いに全国的知名度を上げていった。

洋菓子の「きのとや」は素朴なミルククッキーに「札幌農学校」と名付け、北海道土産の新しい定番へと昇格させた。見事に札幌ブランドを使いこなしているおかげで、市民にも「いかにも札幌って感じのお土産だから、札幌に遊びに来た人に渡しやすい」（25歳女性）と、いわしめる。

また、全国各地の百貨店を中心に「札幌●●フェア」といった物産イベントが開かれるようになり、いずれも大盛況となるもんだから、特に首都圏であれば「またかよ」というレベルで、毎週どこかで開催されているという感じだ。

なお、2013年産の新米のコメの卸値が、北海道産の「ゆめぴりか」が揺るがぬ人気を誇る「新潟コシヒカリ」を初めて上回った。ゆめぴりかの美味しさもさることながら、ことあるごとに「うまいもの」アピールをし続けた道産食品のブランドイメージ戦略勝ちともいえる。「札幌（北海道）産は高品質で安全。しかもおいしい」と全国へPRすることに成功した結果……といえそうだ。

「札幌在住」もブランドに？

「札幌」は道外向け商品のブランドになっているが、札幌人にとっては「札幌在住」であることもひとつのステータスだ。ただ、オシャレでカッコイイという意味ではない。「暮らしやすい」というブランドなのである。

本州の都市圏と比べれば札幌の家賃は安く、地下鉄から徒歩5分、スーパー・コンビニにも近い便利な物件でも、1DKで月3万円前後の部屋を見つけるのは難しくない。札幌駅周辺でさえ、1DKなら4万円程度だ。「転勤でこっちに来たけど、家賃安すぎ！　東京なら駅近の便利なところなら、軽く10万円は超えるのに」（40代男性）と、転勤者は興奮するほど。安くても便利な場所に暮らせることが、この街に暮らす大きなメリットなのだ。

また、「札幌でびっくりしたのは、水道のお水がおいしいこと。そのままで十分飲めます」（30代女性）と、全国的に「おいしい水道水」として知られている札幌の水の価値も見逃せない。ミネラルウォーター並みのおいしい水が、蛇口をひねるだけで飲める快適さも、札幌人の優越感を高める。

札幌駅周辺に暮らしていれば、JR・地下鉄・市電・バス・地下歩行空間と、交通手段は選び放題。地下鉄はとにかく便利で、冬の間も雪でストップする心配はない。最近は市民のマナーも改善され、きちんと列に並ぶようになってきたが、「地下鉄で横入りされて、イラッときた」（22歳女性）と、まだまだマナーが守れない人もいるようだ。あと、入口付近で固まってしまう現象もしばし見かける。

札幌ファッション事情は、やはり女性がリードしており、所得水準が低いにもかかわらず、さりげなく高級ブランドを身につけ、黒を基調としたシックな装いをしている。カラフルで目立つファッションよりも、おとなしめの色合いで一見目立たないが個性的なファッションが好まれている。

本州から札幌に来た旅行者の20代女性が、「札幌の女性は着こなしが上手。センスがすごくいい」というように、大通周辺のセレクトショップを練り歩けば、東京に決して引けをとらないセンスのいいコーディネイトをしている札幌女性の姿を見ることができる。また、冬が長いため、おしゃれなコートやショールなどの冬向け商品が充実している。雪道を歩くためのロングブーツもマストアイテムだ。なお、札幌女性はエレガント、というよりはカジュアルなおしゃれを取り入れるのが得意で、自分の個性に合わせた独特なファッションセンスを発揮している人も多い。ちなみに、札幌男性についてはセンスを期待してはいけない。「普段着ているものは……妻が買ってきます」(30代男性)。札幌ではあくまで女性を中心に、ファッションは花開いている。

ちょいと待った！　郷土を偏愛する札幌人

ちょっとここで第三者的な視線に立って、冷静に解釈したい。北海道はここ数年、知床の世界遺産登録などもあって、自然・食べ物・人間性など、なんでもかんでも称賛される気風にあるが、現実的には本州とは比べものにならないヘビーな冬もあり、そう簡単に「住みやすい」とはいえない厳しい土地だ。札幌市の２０１３年度の一般会計８５２４億円の歳出のうち、保健福祉費３２６５億円が最も多く、生活保護費は毎年増加し続けており、２０１３年度には１３６４億円に膨れ上がっている。（2月1日時点の札幌市「平成25年度予算の概要」より）そのうち「食っていけなかったら、札幌で生活保護生活！」なんて負のブランドもできあがりそう。２０１３年7月時点で札幌市の生活保護世帯数は5万１９６０に達しており、「赤信号、みんなで渡れば恐くない」ばりに、生活保護をもらうのはここでは恥ずかしくない。頑張らない人間でも、のんびり気楽に生活できる土壌がある。

しかし、郷土を偏愛する札幌人（詳しくは他項で説明するが、北海道民は地

すすきの交差点のシンボル、「ニッカ・ヒゲのおじさん」が夜景に映える。夜の街すすきのは日が暮れてからが本領発揮。午前0 時を過ぎれば、あちこちにネオンに導かれた酔っ払いがいる

元愛が異常）は「本当にいいところ。メシはうまいし、女は綺麗。金が無くても借りればいい（笑）」と、札幌のまず〜い面も笑いとして喧伝をする。本来ならば単なる不道徳者として煙たがられるだろうが、この不景気なご時世ゆえ、疲れた本州都市部のサラリーマンには羨ましく映る瞬間があるわけだ。「楽天的」「ポジティブ」「人間力の高さ（？）」など、多分に捻じ曲げられた解釈は、やがて全国へ伝播していき「北海道のユートピア論」は膨張を続けていく。そういった効果が札幌ブランドの確立と成長にもつながっているのだろう。

農業はともかく工業はどうなの!?

北海道の中で札幌は異端!?

北の大地・北海道の住民は約530万人。その3分の1近い197万人は札幌市に集中している。それだけ人が集まっているせいもあるが、北海道の中でも札幌はちょっと異質な自治体となっている。

まず、気になるのは農業。いまさら説明するまでもないが、北海道の農業生産高は47都道府県中、ダントツ1位で1兆2762億円（2017年）。2位の鹿児島県が5000億円だということを考えると、ぶっちぎりもいいところなのだ。ところが、その北海道の最大の都市である「札幌」となるとまったく情景は異なっている。

札幌市が公開している2016年の農業生産高は約35億2000万円。面積は違えどあの大都会・東京都ですら295億円（2014年）なので、札幌の農業は北海道の一握りにもならないほど少量でしかないのだ。

とはいえ、札幌には197万人もの人口がいて、それぞれが何らかの職について食い扶持を稼がなくてはいけない。そうなると多くの人たちは第二次、第三次産業に就業している……となるのだが、これまたアンバランス。2015年の国勢調査によると、札幌の第二次産業の就業人口割合は14・0パーセントと低く、他の政令指定都市と比較すると下から2番目。第一次の割合も低いので、第三次産業は上から2位に浮上する（1位は福岡）。さらに広大な土地を持つ北海道を引き合いに出しても、第二次産業の割合は47都道府県で下から4番目と、これまた低い。

なぜ、これだけ大きな土地を持つ（むしろ持て余す）北の大地で工業地帯が育たなかったのだろうか？　確かに農業だけでやっていけた過去があるにしても、これはあまりに不思議すぎる。

少し歴史をさかのぼりつつその謎を解いていきたい。

日本一の工業地帯へ　苫小牧東部開発計画

北海道は高度経済成長以前、多くの鉱山・炭鉱があり全国的に有名な資源産出地域であった。今はエネルギー革命の影響からそのほとんどは閉山されたが、本来ならば広大な土地を持つ地理的要因から、それなりの工業地帯があってもおかしくない。事実、過去に「苫小牧東部開発計画」なる国家プロジェクトが動いていた。本書は札幌を解析する一冊だが、その全容を明かすため、まずは北海道の工業開発の歴史を説明しよう。

戦前の話は後述するとして、まず重要となるのは戦後、時は１９５０（昭和25）年。北海道開発法が制定されて具体的な開発計画が提案された。資源の乏しい日本において、唯一可能性を感じる大陸でもあり、戦後の復興と人口の増加への食料対策としての意味合いも深かった。この開発は工業のみならず田畑、住宅地の開発も重要視されており、結果的にはのちの農業の拡大へとつながっている。

さて、この計画書を実際に見てみると北海道の弱点も見えてくる。それは流通だ。北海道は本州との交流を（当時は）すべて海運に頼らなければならない宿命を背負っていたのに、この時点で港湾の整備が著しく立ち遅れていた。のちに整備されたが、北海道の工業化が他の地域に比べて進まなかった大きな理由のひとつは、「島」に起因する流通の不便さにあった。

とはいえ、北海道の広大な土地は国力の増強という意味で、ものすごい逸材であったことは間違いない。これをほうっておくのは宝の持ち腐れとばかりに、1971年、「我国最大で最後のコンビナート」といわれた「苫小牧東部大規模工業基地」開発のマスタープランが公表される。苫小牧は寒さの厳しい北海道でも比較的温暖な気候で、かつ1960年代よりアルミニウム精錬を基幹としたコンビナートがすでに形成されており、大工業地帯をつくる上での根っこの部分が整っていた。公表されたマスタープランによると、勇払川と厚真川に挟まれた地域に約1万2650ヘクタールにもおよぶ巨大な工業地帯をつくる、当時としては日本のみならず世界最大規模のプランだった。

しかし、公表に先立つ1969年頃より用地買収を進めていた中で、農地法違反が発覚する。これが元となり道議会に調査委員会が設立され、次第にマスコミでも大々的に取り上げられるようになった。当初、この委員会設立の目的は、不動産業者と北海道行政の癒着に関する調査であったが、これについて十分に釈明されず関係職員の行政処分にとどまったことから、強引な用地買収、そして、当時日本中を騒がせていた公害問題へと住民の関心はシフトし、１９７３年には工業化に反対する具体的な会が結成された。

その後、反対する会は上京して運輸省の前に座り込みをするなど積極的な運動を展開するが、当時の大泉市長は徹底した反対派の締め出しを行い、漁業補償が未解決のまま１９７４年12月には港湾区域の変更を提案。反対派議員欠席のまま変更が決定された。翌年の市長選で反対の立候補者が現職の大泉市長に敗北すると、開発反対の運動は急速に冷めていった。１９７６年にはいよいよ苫小牧東港の着工が了承され、工事開始……という流れであったが、港湾着工の直接的な責任者である運輸省が態度を保留して合意が成立せず、２度目の連絡会議でようやく着工が了承されるが、このあたりから各省庁ごとに認識に相違が生まれる。とどめは環境庁の「環境庁が環境の観点からみて問題がないと判断したのは、76年度予算にある船だまり工事だけであり、翌年度以降の開発事業については白紙の立場である」という見解。現地着工を目前にし、反対運動は再び息を吹き返し、工事入札の中止などを訴える。これに対し、一度は入札が中止となるが室蘭市内のホテルにて秘密裡に入札を行い、港湾の工事が発注された。

さて、この工事計画、すったもんだの挙げ句、スケジュールを4年もずれ込んでのスタートとなったわけだが、その後の運営はどうだったのか？

それは冒頭で述べた第二次産業の少なさが物語る通り、失敗に終わった。今度はその経緯を見ながら、失敗が失敗を重ねる悲しすぎる顛末に迫ってみたい。

まずは工事用水の供給問題からダム事業を展開するのだが、ダムの建設地となった二風谷地区はアイヌ民族にとって聖地とされてきたエリアで、強い反対運動から泥沼の行政起訴へと発展する（ここで詳しい話は割愛するが計画発表から20年以上の時間を要してダムは完成した）。

そして、１９８０年にピークを迎えたオイルショックは国内の重工業へ露骨にダメージを与え、全国各地で工業地域の開発が尻つぼみになってゆく。しかし、ここ苫小牧東部の巨大工業地帯は、時代の波に逆らいグングン開発を続けるのだ（まあ、典型的なお役所仕事だね）。当然ながら企業は工業団地へ入らないけど造成費はかかるわけで、膨大な造成費の返済と借入金の利払いがままならない状態になった。そうなるとその金額分は分譲価格に上乗せされていき、企業はさらに敬遠していく。このような蟻地獄的ループ展開から、とうとうお役所も「ヤバい」とばかりに1996年に計画を仕切り直す。だが事態は完全なる手遅れとなっており、1999年に苫小牧東部開発株式会社（この工業計画にあわせてつくられた第三セクター）は大量の負債を抱えて経営破綻した。

地元住民の意見をトコトン無視し、徹底的に「お役所仕事」に終始した結果の、どうしようもない顛末である。このような巨大プランの失敗もあり、現在の北海道は農・漁業とサービス業の2本柱となった。

3つの経済特区　でもそんなに働く？

前述した経緯から第二次産業は花咲かなかった北海道だが、近年設けられた経済特区よって一発逆転（？）を狙っている。これは北海道に限った話ではな

札幌市は農家が極端に少なく、海にも面していないため「北海道らしさ」を全く感じない。一応、農家もゼロではないが、市のハズレまで行かないとその姿を見ることはできない

く、全国の特定の地域を税制・財政・金融上の支援措置をするといったもの。特区には国際戦略総合特区と地域活性化総合特区の2種類があり、北海道の場合は「北海道フード・コンプレックス国際戦略総合特区」と「札幌コンテンツ特区」、「森林総合産業特区」の3つが定められている。基本的にこうした特区の目標には「世界への進出」的な内容がうたわれていて、北海道の農産物を世界に！　という気鋭は素晴らしいがコンテンツなんかは正直、それほど進んでいるとは思えない。最低賃金が安いことから人材を安価で使えるというメリットは考えられるが、札幌の人って「世界に挑戦！」ってほど働き者なのだろうか……。

冬は働かない!?
熊と同じく冬眠が定番

なが～い冬には働きたくない札幌人

その昔、『○○スタイル』と題されたテレビ番組や書籍がちょっとしたムーブメントとして巷を賑わせた時があった（とはいえ、爆発的とまではいかなかったけど）。言葉尻がオシャレだったのだろう。○○の部分には女優さんの名前などが入り、好き嫌いにかかわらず視聴者の関心をひいたものである。話を本筋に戻すが、人口197万人と、本州の都市と対比しても遜色なく、むしろそれ以上のスケールを持つ札幌市の住民の生活にも、他の日本の地域とは違った形質……つまり「札幌スタイル」が出来上がっているのだ！

この札幌スタイルの最も特徴的な部分は「冬になると働かない」ということ。

他の地域では土日返上はもちろん、アメニモマケズ、たとえ大地震が起きようとも（これは東日本大震災時にも実際そうであった）、オフィスで必死に法人アカウントのツイッターなど更新するものだが、札幌人は、まず雪との戦いに負ける。

雪は大自然の産物。「戦い」と前記したが、実際は勝てるはずがないことを最初から認知しており、雪が免罪符となって仕事、冠婚葬祭、デートとなんでも「雪だから……」の一言で許される。まあ、「働かない」といっても、ここ札幌では「サボり」という一辺倒の解釈ではなく、「生きるための知恵」と考えたほうがいいだろう。

この生活を具体的に伝えると、朝起きてニュースで「記録的な豪雪で交通機関がマヒ」と流れていれば、ＪＲ・バス・車通勤の札幌の会社員は始業時刻にはまず間に合わないとしてあきらめる。「雪で車が動かないので、今日は午後から出社します。午前は有給でお願いします」（20代・札幌の会社員の男性）のように、会社に雪のせいで出社が遅れるとすぐに電話するのが普通だ。最近は変わりつつあるが、日本の企業は集団主義。人より早く会社に来て、鉢植えの水を入れ替えて、会議の資料を作って……なんていう謹厳実直な行動が、出世につながったりするはずなのだが、札幌スタイルにはそうした出世マニュアルはないのだ。

さて、そんな雪ばかりの札幌。年間の平均気温は統計データによると8・9度と低く、寒い地域特有の薄暗さが生活を覆い、市民はさぞかし心を病んでいるのかな……と思いきや、意外にも楽観的なようである。この楽観的というのを統計データとして表すことはできないが、雪国には一般的に「自殺が多い」という特徴がある。内閣府がまとめているデータで近年の都道府県別(住居地)の自殺率を見てみると、多少の変動はありながらも上位には秋田、新潟、岩手、青森といった雪国の県名が並んでいる。そこで自殺の多い地域のポイントを挙げてみると……

①気温が低い
②農村部で過疎化が著しい
③60代以上の高齢者と同居している世帯が多い

こうしてみると札幌市はともかく、北海道はほとんど該当しているのではないだろうか？

ちなみに世界の統計データ（WHO発表）も見てみたところ、上位にはリトアニア（首都の年間平均気温6・8度）、ロシア（5・8度）、ベラルーシ（6・7度）と、寒い国が並ぶ。ただ、韓国が2位で（最近急激に自殺者が増えている）、日本も8位であることを考えると、一概に寒冷地＝自殺多数地域とはいえないが、陽気なムードが漂う南国に比べれば人間を自殺に追い込む何かがありそうだ。

そんな中、北海道の自殺率は47都道府県中8～15位あたり。自殺が少ない、とはいえないまでも東北より冬が長く、前記の諸条件にぴったりハマっているわりには健闘しているといえるだろう。

外で元気よく　んなこたない

自殺が多い雪国の冬。外は雪、家の中にこもるしかない。この時間が人生を自ら終わらせる展開へと導くのだろうか……（ちょっと東北の冬を勝手にイメージしてみた)。一方、札幌も気候的には似ているはずだが、もともと面倒くさがりで出不精な体質の札幌人は、お家の中でこそ最も高いポテンシャルを発揮するのである！

どういうことかというと、札幌では真冬でも汗をかく。正確にはメチャメチャ室内を暖かくして、額からポタポタと汗を垂らして冬を乗り切るのだ。本州から札幌に転勤などでやってきた人は、まず札幌の住宅の室内温度の高さにびっくりするだろう。「省エネ……節電は?」と聞かれたら、正直いうと、あんまりしていないのが現状だ。温度調整をマメに行っていない家庭では、真冬でも半袖姿で部屋の中を歩きまわる例もある。ほくでんからの節電要請もあるのだが、快適さを保つための暖房にはある程度のムダ遣いもいとわない風潮が昔から存在しているようだ。

真冬は家の中でアイスをペロペロ

札幌市の住宅は、もともと積雪寒冷地仕様で気密性が高い。寒さと雪の厳しい北海道では、いかに高断熱・高気密住宅にするかが家づくりの基本となる。そうまでしても、特に一戸建ての場合、真冬に室温が一旦下がると、もう一度暖かくなるまでかなりの時間を要する。なので「もう一度暖めなおさなくちゃならないなんて、めんどくさい」という理由で、暖房はできる限りつけっぱなしにする。それに、部屋をしっかり暖めておかないと、水道管が凍結することもある。

さらに、家の中で温度差が発生すると結露が出やすくなるので、家中すみずみまで同じ温度にする。そのため使っていない部屋まで暖房はガンガンだ。こうなると家の中は暑くてしょうがない。しまいには窓から吹雪を見つつ、アイスクリームを食べ始める。「外はひどい吹雪だね。あっ、アイスが溶けちゃう!!」

こうしてペロペロやりながら冬を過ごすのが札幌スタイルなのだ。

こんな生活を送っていると、さらに外に出るのが億劫になり、買い物もなるべく外に出なくて済むようにネット系の宅配サービスを利用したりするようになる。しまいには徒歩5分のスーパーでさえ「あー、外に出たくない」と駄々をこね始める始末。これがマンション住民となると雪かきの心配もないから、ますます外出機会がなくなる。南区のマンションに住む70代の女性は、「ひと冬で、指で数えるくらいしか、外出しない。外は寒いし、雪で歩くのも大変だもの」と話す。最終的にはツイッターなどで「今日は駅で切符を買ってきました」と書くと、それに対して「スゴいね！」と賞賛のコメントが寄せられるレベルにまで発展するのだ。

冬の札幌人は、寒さと雪のせいにして、冬眠する熊のごとく家の中に引きこもる。出かけるのがめんどうだからって、ちょっと……。

短い温暖な季節を楽しみ尽くす！

冬眠していた札幌人は、雪解けがやってきた途端、活発に動き出す。暖かい家の中でぬくぬくと過ごしているものの、やはり春がやってくるのは待ち遠しいのだ。冬の間、だらだらとしていたのが嘘のように、札幌人はジンギスカンでアウトドアを楽しみだす。最近は札幌でも自転車がブームになっており、市内のあちこちでスポーツタイプの自転車を見かける（まあ、冬が長いだけ出番も少ないだろうけど）。遅い春を待ち構えていたように、ゴールデンウィークには「花見」と称してジンギスカンとビールに手を出す。花見のメッカ・円山公園では毎年、桜並木の下にもうもうと肉が焼ける臭いと煙が立ちこめており、「おいしい、最高！」とジンギスカンをつつきながら、ビールを片手に盛り上がる札幌人の姿が。「お花見よりも大勢で集まって飲み食いして楽しければ、それでオッケー！　長い冬は終わったし、ジンギスカンがうまい!!」（中央区在住の20代男子大学生）家の外に出られない時期が長いので、札幌人にとって春の開放感はハンパない。桜の花は、「（ジンギスカンのついでに）咲いているだけでいい」のが本音のようだ。

つかの間の春が過ぎ去ると、札幌人は「次は海辺でキャンプとジンギスカン！」に繰り出す。北海道の夏は短く、市民は夏を最大限に楽しみ尽くすための努力を惜しまない。カップルや家族連れが砂浜の上にテントを張り、ラム肉と野菜を取り出してジンギスカンを始める。海で泳ぐのは余興程度。また冬が来る前に、できるだけ外で楽しんでおかなきゃ、とはしゃぎまくるのだ。

真夏の大通公園ビアガーデンの様子。昼間から生ビールを飲もうと市民が連日、やってくる。驚くのは子供連れの家族が多いこと。アルコールを飲む場所なのに、お子様連れでいいんですか？

札幌国際スキー場の紅葉ゴンドラからの風景。山頂では温かい飲み物のほかに、なぜかチュロスが売っている。ゴンドラに揺られながら、紅葉をじっくり楽しめるので大人気

学区制の廃止で有力校の競争はより激化

一学区制の導入で生徒たちが選ぶ側に

お次は札幌の教育事情。これを語るには、やはり高校の話題は欠かせない。札幌では、「東西南北」の道立高校が倍率の高い進学校であり、なかでも札幌南高が名門とされている。以前は公立高校受験が学区によって規制されていたため、学区が違うと受験出来なかったが、2009年度から一学区制に合わせてどこの高校でも希望に合わせて受験出来るようになりった。

だが、これにより、人気のある高校では競争の激化が始まった。たとえば、学力に応じた進学先を選択するだけではなく、女子生徒などは「制服がかわいいから」といったイメージで選んでしまうことさえある。つまり、これまでは常に「選ばれる側」だった生徒が、「選ぶ側」に立ったのである。

なおかつ少子化が進んでいることも手伝って高校間競争も当然激しく、生き残りをかけて魅力あるカリキュラムや校風をＰＲする高校も出て来た。

北海学園札幌高等学校のように、古くからのスポーツ優秀校もあり、スキージャンプとアイスホッケーのオリンピック選手を数多く輩出している。札幌商業高等学校時代に春の甲子園に２回、夏の甲子園には８回出場しており、野球部も強かった。地下鉄東豊線の「学園前」駅から直結のアクセスの良さと比較的ゆるい校則で伸び伸びとした性格の生徒が多いようで、スポーツ分野で活躍したい学生にとても人気がある学校だ。

一学区制が取り入れられた後、ライバルが増えるので人気校を狙う生徒にはよりプレッシャーが高まる。進学校への受験者が増加しており、２０１９年度の札幌南高への志願者数は４２１人で、志願倍率は前年度と変わらず１・３倍になっている。また、札幌北高も志願者数は定員より約80人多い４０４人で、志願倍率は前年度と比べて０・１倍率増加の１・３倍になった。競争を避けたい受験者は、札幌開成や札幌北陵などを選択する場合も多い（それでもこっち難関だけどね)。

なお、学区のオープン化により一気に志願者数が減り、不利になってしまった高校もあった。たとえば２０１０年度の札幌拓北への志願者数は３０８人で前年度より70人も減り、志願倍率は前年度と比べて０・３７倍率減少の０・９６倍になってしまったという。一学区制が始まってまだ数年だが、人気校と不人気校の格差がこれから拡大していくであろうことは予想に難くない。また、学力の著しい偏りにより、生徒のレベルにも格差が生まれてこれまで評価が高かった高校も、評判がガタ落ちする可能性もある。

また、学力の高い生徒は本州の有名大学に入れる高校を視野に入れて受験先を選ぶ。北海道で東大合格者が多いのは公立では偏差値71の札幌南高、同じく71の札幌北高で、私立では偏差値69の函館ラ・サールと北嶺高校である。上を目指したい生徒は、こうした名門校を選択している。

しかしながら、札幌では私立よりも公立に入学することを目標にしている学生が多い。理由は親の経済力である。経済的に余裕がない親は子供に「私立は学費が高いから、頑張って勉強して公立に行きなさい」と推奨する。学校によ

北海道の高校偏差値ランキング上位20校

71	札幌南	道立
71	札幌光星	私立
71	札幌北	道立
71	札幌西	道立
69	函館ラ・サール	私立
69	立命館慶祥	私立
68	札幌旭丘	市立
68	札幌第一	私立
68	札幌東	道立
67	釧路湖陵	道立
66	旭川東	道立
66	帯広柏葉	道立
66	札幌国際	道立
66	室蘭栄	道立
65	駒澤大学附属苫小牧	私立
65	とわの森三愛	私立
65	函館白百合学園	私立
65	函館中部	道立
64	滝川	道立
64	苫小牧工業	国立
64	函館工業	国立

「みんなの高校情報」発表値より作成

るが目安として私立では入学金に20万円、年間授業料が60万円程度である。公立では入学金6千円、年間授業料12万円であるから、その差は歴然としている。親としてはお金がかからない学校に通って欲しい。子供は親の意向を受けて、実力で公立の名門校を目指し、私立はせいぜいすべり止めの学校として狙うのである。そして見事、志望していた公立高校に合格出来た暁には、「ウチの子は、お金のかからない公立の名門校に受かった」と、両親にとってはご近所への自慢の種になるのだ。お金をかけずにいい高校へ入れれば、御の字なのである。

なお、現在札幌の公立高校で一番の名門とされる札幌南高だが、市内ナンバーワンの自覚と誇りがあるせいか、南高生はかなりプライドが高いらしい。東大に行く実力のある人が一浪したくないためにランクを落として北大を受験し、逆に絶対受からない成績で東大を受けてしまう人もいるという。そして制服のない自由な校風と生徒の自主性を大事にする教育方針のためか、高校生という意識があまりなく、エリートとちやほやされるので鼻持ちならない、という噂があるが、これはやっかみも入っているだろう。偏差値70の市内トップ公立というのは、間違いないのだから。

札幌の大名門である札幌南。公立トップ校はどこも自由な校風だが、札幌南は一際ぶっとんでおり、勉強のできる変わりすぎな人が多い

南優勢のイメージを持たれてしまう北高。北25条にある校舎は異常に広くてびっくりするぞ

いつまでたっても道路工事が終わらない!?

基地から街へ 大都市札幌の成立

現在の札幌は、北海道で並ぶもののないダントツの存在だ。すでに戦前の時点で、札幌は北海道最大の街となっていたが、その「内容」は現在とは違い、行政機関と食糧基地の中心という意味合いが強い、あまり彩りのある街ではなかったのである。

これが変わったのは、政府の方針が戦後に「開拓」から「開発」にシフトしたことが大きい。「開拓基地」から普通の街になったのだ。だが、その「歴史の浅さ」は、今も札幌に「発展し切れていない」要素を残している。

最初の大きな変化は札幌市の合併だ。本来の札幌市（現中央区）は北海道行政の中心であると同時に、周辺の開拓村の中核でもあった。戦前から徐々にこれらが札幌市へと合併されていき、琴似町、篠路村が１９５５年に合併される。これにより、多くの開拓地が宅地となり、住宅地としての意味合いが強い現代型大都市化が加速する。

　そして、札幌にとって最大の転機となったのは１９７２年だろう。この年、2月には札幌オリンピックが開催され、世界の大都市としての存在感をアピール。オリンピックに先立ち、東京、大阪、名古屋、神戸に続く全国5番目の地下鉄（南北線）も開業。その後76年に東西線、88年に東豊線が開業する。また豊平峡ダムも完成し、大量居住都市に不可欠な水問題も解決。終戦時に20万人程度だった人口は１００万人を越え、4月には政令指定都市となり、現在の札幌市がほぼ完成するのである。

カネさえ払えば熊も地下鉄に乗れる？

札幌のインフラはＪＲ・地下鉄・市電・バスとほぼパーフェクトに整ってお

り、南区の定山渓方面や清田区など一部の地域（秘境？）を除けば、駅周辺に住んでいる限り車がなくても生活出来る。そして、これらのインフラのなかでも住民に頼られている重要交通機関は何といっても雪の影響を受けない地下鉄である。

札幌には現在、南北線・東西線・東豊線の3つの路線があるのだが、地下鉄の徒歩10分圏内はアパートなどを借りる際にも重要な要素になっており、地下鉄沿線で不動産を探す札幌市民は多い。

なお、南北線は「麻生駅～真駒内駅」で、14・3営業キロ。東西線は「宮の沢駅～新さっぽろ駅」で、20・1営業キロ。東豊線は「栄町駅～福住駅」で、13・6営業キロである。各路線の乗り換えはさっぽろ駅と大通駅で出来る。

札幌市交通局によると2010年度の路線別混雑率は、南北線のピーク時が107パーセント、最低は35・5パーセント、東西線のピーク時129・4パーセント、最低は25・6パーセント、東豊線のピーク時122・9パーセント、最低は26・8パーセントである。なお、ピークになる時間帯はいずれの路線も早朝の8時から9時までの間だ。乗車密度は35人と、他都市の公営地下鉄8事業者と比較して2番目に少ない。

東京の混雑率200パーセントを考えれば、ピーク時でも少々肩が触れる程度の混み具合であるが、「朝の通勤ラッシュは嫌い」と答える札幌市民は多い。政令指定都市のなかでも、人口密度約1750人（1平方キロメートルあたり）と最も低い札幌市で育ったせいか、ちょっとの混雑でもギュウギュウ詰めで息苦しいと感じる軟弱さである。しかも、暗黙の札幌市民ルールにより、混雑率100パーセントを超えても、地下鉄の優先席には誰も座らない。

そもそも市営地下鉄の構想が出来たのは1964年「札幌市における将来の都市交通計画」が作成された頃だ。昔から積雪による冬の交通渋滞に悩まされていた札幌市が、市電とバスによる輸送の限界と膨れ上がっていく人口に対応出来る輸送手段を必要とし、札幌オリンピック開催決定を機に新たな交通機関建設の気運が高まったことから、地下鉄の建設が可決された。

しかしながら、実はこのとき運輸省が地下鉄は採算割れになるのではないかと難色を示していた。ここで裏話を挙げると、ゴムタイヤ地下鉄の生みの親となる当時の札幌市交通局長、大刀豊が「料金を払えば熊でも乗せる」と運輸省担当者にいってのけた逸話がある。その勢いに呑まれたからかは定かではないが、地下鉄は無事に認可を受けて順調に建設された。地下鉄建設に大きく寄与した人物として、同氏は「札幌市営地下鉄の生みの親」と呼ばれ、地下鉄マンの敬意を受け続けている。なお、本州人が誤解すると困るのでいい添えておくが、実際に札幌の地下鉄に熊が乗ったことはない（1回ぐらい熊の乗車パフォーマンスを見たかったけどね）。

工事は続くよどこまでも

札幌市内では数百メートル単位で、「誠に御迷惑をおかけします」という道路工事の看板が建てられている。何のためにこれほど道路に穴を開けなければならないのだろう……、なんとなく不可思議な印象を持つ市民は少なくない。しかし、いつしかその工事風景に慣れ、日常と化し、東京都内の都心部の道路工事同様、今では当たり前の姿になっている。

なお、197万人を抱える政令指定都市の札幌だが、都市高速道路がなく、代わりに2010年度から「道央都市圏の都市交通マスタープラン」により2高速3連携2環状13放射道路の整備が進められている。これにより、北海道縦貫自動車道、北海道横断自動車道の2つの高速道路と、道央圏連絡道路、札幌圏連携道路、南回り連携道路の3連携道路、内環状道路（環状通）および外環状道路の2環状道路、そして国道5号線と274号線を含む13の放射道路が工事されている。この工事は、札幌を中心とした道央圏を構成する各エリア間の連携や交流の活発化を目的としており、ひいては交通体系の強化を図るものとされている。

札幌市の2010年の道央都市圏の都市交通マスタープラン案では、道央都市圏の2030年の全体交通量は少子高齢化の影響により6パーセント減少し、公共交通機関の利用者が減少することにより自動車依存が高まると予想している。また、冬期の道路状況の悪化により道路幅員が減少し、自動車の所要時間は秋期と比べて1・3倍の時間を要している。

このような将来像を踏まえ、札幌市は道路工事の必要性を訴えかけているが、建設業の裏側を少しでも知っている人間なら、そこにたくさんのカネが絡んでいると知っている。道路工事の予算は、毎年国から地方へやってくるため、その予算を年度内に使い切らなければ次年度の予算が削られてしまう、という内情があるのだ。年度末は3月であるため、他の地方では1月から3月にかけて道路工事が増えるが、札幌に関しては積雪という自然現象があるため、土が完全に雪で覆われる前の11月くらいまでが工事ラッシュにあたる。

こんな事情があるからさほど重要とは思われないような箇所でも、工事を行っていることがあるのだ。仕事を作るために傷んでいない道路に穴を開けるのは、虫歯になっていない歯を治療するくらい無駄なことである。工事のための工事を続ける限り、税金は垂れ流される上に、札幌市内に静寂が戻ることはないだろう。札幌市民は不必要な工事をせず、本当に必要な工事をして欲しいと思っている。

まさかの遭難？　歩行空間は拡大中だ

２０１１年の３月に開通した、ＪＲ札幌駅前地区と大通地区を結ぶ札幌駅前通地下歩行空間は、直後の2011年5月の大型連休時期には1日の利用者数約7万1000人を記録し、分断されがちだった札幌と大通の人の流れをすっかりと変えてしまった。

そしてこの新しい地下歩道の存在により、周辺施設にも大きな変化が訪れた。オープン以来25年以上経過していた札幌駅直結のパセオはこれにあわせ、初めて大規模改修を行い、2011年11月に大々的にリニューアルオープン。大通地区でもオーロラタウンやポールタウンが夜のバーゲンを行って人を呼ぶなど、札幌と大通ではまるで綱引きするかのような客引きが行われ、都心全体に活気を出すことに成功した。

地下歩行空間の完成後、しばらくして地上入り口との接続が完了した。地下歩行空間はまず、北一条地下駐車場、日本生命札幌ビル、札幌大同生命ビル、札幌ノースプラザ、敷島ビル地下飲食街、北海道ビル、井門札幌ビル、北洋大通センター、札幌グランドホテルと接続され、少々遅れてノース33ビル、ワカクサビル、札幌秋銀ビルや札幌三井ビルディングと接続された。これらの接続により、周辺のオフィスに勤めているサラリーマンの通勤が楽になったこと、買い物客の移動が非常にスムーズになったことが大きな利点だ。

また、インフラとしての歩行空間は、札幌〜大通〜すすきの間を結んだだけではなく、東のバスセンター前駅まで地上を出ることなく歩いて行ける。サッポロファクトリーの最寄り駅はバスセンター前駅で、徒歩5分の距離だが、この5分の距離が真冬には辛い。駅からサッポロファクトリーまでの道路も、細くて歩きづらいのがイヤなところだ。どうせならサッポロファクトリーまで繋げて欲しいと思った市民はきっと多いことだろう。

だが、地下歩行空間が大通東、つまり創成川イースト近辺を横断したことにより、「利便性が高まった」と判断した札幌市民が創成川イーストエリアに不動産を探すようになり、また買い物客の流れにも変化が出つつある。地下歩行空間の存在が、創成川地区の活性化に一役買ったのは間違いない。

道を1本通すだけのインフラが、周辺に及ぼす恩恵と影響は計り知れない。生活向上のためには、インフラ整備が欠かせないものだと、札幌駅前通地下歩行空間の例ひとつとってみてもよく分かる。しかしそこには莫大な金が動くため、市民の血税と思えば簡単には通せない。札幌市民の生命線といえるインフラ整備は都市の発展にとって欠かせないものだが、札幌市民は、永遠に終わらない道路工事にはうんざりしている。目的が不明瞭な道路工事や、予算を使い切るためだけに無理矢理仕事を作って工事をすることなどは、言語道断だろう。

※　※　※

札幌市の地下通路建設はまだまだ終わらない。２０１８年9月には、大規模な再開発ビルである創世スクエアから地下鉄大通駅までの、約１３０メートルが開通。これにより、創世スクエアのみならず、札幌市役所や北海道経済センタービルもが地下通路で接続された。

この新しい地下通路がつくられた西2丁目通だが、この通りは今後さらに新しい地下通路の建設が計画されている。ひとつは、創世スクエアからそのまま北方向の北3条、つまり地下鉄さっぽろ駅までの区間。さらに、ＪＲ札幌駅北口から合同庁舎まで、そして、地下鉄南北線すすきの駅、東豊線豊水すすきの駅、大通駅を繋ぐ区間である。

これらが完成すると、現在すでに開通している札幌駅前通と西2丁目通が、すすきのから札幌第1合同庁舎までの全区間で地下通路で完全に繋がることになり、札幌の都心部は「完全に地下化」が可能な構造となる。

しかも、これらの計画は北海道新幹線開通の2030年までが目標。10年以上も時間があるわけで、検討・建設スピード的に、まずまず余裕がある。現在都心部の地上部分では、創世スクエアに続けとばかりに再開発が続いており、これらの完成と歩調を合わせられれば、地下街という「新しいスペース」を、文字通り「創造」することになり、より都心部の集約化を促進できるだろう。

ただ、記憶に新しい2018年の北海道地震では、清田区で大規模な液状化現象が起こっている。都心部も絶対に安全とはいえないだろう。まあ、地下街を作ることで地盤が安定化することもあるし、そうした期待もないわけではないが、普通に考えれば地下道は崩落などの危険を増やす存在。地盤の弱い福岡市などでは、実際に事故が起きている。札幌の地下通路は、「地下街」というよりも、人が集まるコミュニティスペースとしての役割を持たせている。事故が起これればかなりの人数がヤバいので、くれぐれも安全対策は厳重に検討してもらいたいものだ。

常にどこかしらで道路工事が行われている札幌市。地下通路などで利便性が上がるのは歓迎したいが、実際邪魔くさいのもまた事実

市は地下通路を「賑わい空間」として、イベントなども開催できる広いものにしている。これが定着すれば札幌は「地下都市」に？

観光以外の魅力はイマイチ？

魅力ある街ってホントなの？

札幌がどんなところか見てくると、「魅力的」なのは観光地としてのものばかり。本当の意味で「実力がある」のかどうか。確かに北海道内では、「道都」というオーラを漂わせ、揺るぎない存在感を発揮している。だが、地元民が崇める「ワンランク上」の高級住宅地である円山・宮の森地区にしても、東京や神戸にいる「本物のブルジョワ」からすれば、「あれのどこがセレブなの……」とあざ笑う程度のものらしい。どうやら札幌人の「高級・セレブ」の概念は、本州と比べてハードルが低いようだ。

おまけに札幌人はとにかく郷土が大好きで、平成27年度版の札幌市政世論調

市区町村魅力度ランキング 2019

順位	昨年順位	市区町村	都道府県
1	1	函館市	北海道
2	3	札幌市	北海道
3	2	京都市	京都府
4	4	小樽市	北海道
5	5	神戸市	兵庫県

ブランド総合研究所調べ

査結果（2016年から市民意識調査に変更）を見てみると、「札幌の街が好きか」という質問に対して94・1パーセントが「好き」「どちらかといえば好き」と回答している。これはここ数年のムーブメントではなく既に1980年からずっと連続で9割以上が「好き」と回答し続けており、たとえ財政が悪かろうが、豪雪に見舞われろうが、はたまた熊が街を闊歩して人を襲おうが、この街を愛してやまない。

札幌人は異常なほどの地域愛をもって地元を眺めているため、札幌が「魅力ある街」なのかは、客観的な他人の目を入れた方がいいだろう。なお、上表のブランド総合研究所が2019年に調査した「市区町村別魅力度ランキング」では、札幌市が2位に輝いており、ほとんどの年で3位以内だ。「魅力度ランキングの常連」として君臨しているわけだが、この調査は所詮、旅行者などの「たまにしか札幌に来ない人」がイメージだけで投票しているので、「札幌のダメな部分」はな〜んにも知らないわけだ。

経済の見通しは暗く、失業者と生活保護受給者が増え続けるどん底市民生活や、便利さを謳っている割には遊ぶところもないショボさ。すすきのに行けば、それなりに飲む場所はあるが、札幌駅周辺でさえ「これ」というスポットが少ない。北口には何かありそうなものだが、オフィスビルばかりで夜はネオンの輝きどころか、空っ風が吹く寂しさ。観光にしてもイマイチで、誰もががっかりする時計台のように「一度見たらもう十分」というつまらなさだ。豪雪になっても除雪は進まないし、「誰かがなんとかするしょ」と会社では仕事を他人に丸投げする札幌人の頑張らなさ。「魅力度ランキング」に投票した人は、本当に札幌のこと、分かっていて「魅力のある街」だと思っているのだろうか？イメージだけ、はいいのかもしれないけれど……。

街の内実はさておき、元のポテンシャルと新幹線効果（？）でトップに立った函館。札幌のほうが上だと思っていたからちょっと意外

こぢんまりとはしているが、こちらもブランド力は高い小樽の運河。やっぱり1カ所でもいいから、きっちり整備しておくべきなのだ

ラーメンの元祖本家本元は北区で正解？

札幌ラーメンのルーツは北区にあり!?

イメージがよいとはいえ、札幌の実力はそれほどのものでもなく、単なる観光地にすぎない……はいい過ぎにしても、観光にかなり依存していることはわかった。まあ、観光地としての実力が高いだけでも大したもの。あまり卑屈になることはない。

では、その観光地としての魅力をもう少し詳しくみていこう。まず、札幌市の「資源」の中で、やはり知名度がダントツなのはラーメンである。

札幌ラーメンのはじまりは北大近くにあった「竹家食堂」に中国からやってきた王文彩（おうぶんさい）が雇われ、経営者が「中華料理専門店・竹家」として店を再スタートしたことにあった。王は醤油で味付けしたスープに縮れた麺を入れた料理を提供し、これがのちに「ラーメン」と呼ばれるようになったのだ。当時の北大にも中国人留学生が多数いたため、「竹家」に殺到。次第に「ラーメン」の美味しさが広まり、札幌市民にも「ラーメン」という名称が定着していったのだ。その後、太平洋戦争が起こり、物資不足のために1943（昭和18）年に竹家が閉店。せっかく広まりつつあった「ラーメン」は一時、姿を消してしまった。しかし本当の「うまいもの」は、戦争程度で消えはしなかった。終戦後の1947年、早速、市内に「だるま軒」「龍鳳」が開店し、人気を博した。「だるま軒」の西山仙治がつくる麺は「ことのほかうまい」とたちまち評判になり、他の屋台から注文が殺到した。1日に1000人以上、休日には800人以上、時には1000人以上のお客が来て大混雑になるほどだったという。

一方、「龍鳳」は豚骨スープの醤油ラーメン。あっさりした奥行きのある味で、ラーメンファンをうならせていた。無論、この2店舗だけではなく、たくさんのラーメン屋台が札幌市内各所に出現していた。満州からの引揚者が屋台を開くケースが多かったらしい。戦後の食糧事情を考えれば、ラードたっぷりの濃厚な豚骨ラーメンはどれほどご馳走だったか。また、北国という土地柄、あったかい汁物が愛されたというのもよく理解できる。

味噌ラーメンの元祖は別なんです!!

今では「札幌といえば、味噌ラーメン!」というほど、味噌ラーメンの元祖は札幌になっているが、初めて味噌ラーメンを考えたのは「味の三平」の創設者、大宮守人といわれている。「オーナーがお客さんから豚汁に麺を入れてほしいといわれて考えついた」という都市伝説が出回っているようだが、二代目店主はその説を否定し、味噌ラーメンは紛れもなく大宮が考案したと述べている。ちなみに、味噌ラーメンのヒントは「味噌汁」だったらしい。また、大宮は「龍鳳」の店主である松田勘七に学び、同じく豚骨スープを使用していた。こうしたラーメン店の地道な商売のおかげで「札幌ラーメン」の原型ができあがり、やがて1951年「ラーメン横丁」の元となる「公楽ラーメン名店街」

札幌のラーメンの主な歴史

1922〜24年	王文彩が北区の「竹家食堂」に就職、中華料理専門店「竹家」が誕生。人気の肉糸麺（ロースメン）を「拉麺」と書きラーメンと読ませる
1932年	頃札幌市内で「柳麺」「老麺」と書かれラーメンが定着
1943年	太平洋戦争による物資不足で市内からラーメンが姿を消す。竹家も閉店
1946年	満州の引揚者たちが屋台でラーメン風の料理を提供。スープは豚骨
1947年	西山仙治が狸小路2丁目に屋台「だるま軒」を開店
	松田勘七が南3条東1丁目の創成川沿いに屋台「龍鳳」を開店
1950年	大宮守人がすすきのに「味の三平」を開店
1951年	南5条西3丁目に「公楽ラーメン名店街」ができる
1954年	大宮守人が「味噌ラーメン」を考案する
1971年	公楽ラーメン名店街跡地に「元祖さっぽろラーメン横丁」ができる
1976年	南4条西3丁目に「新ラーメン横丁」ができる

※各種資料より作成

が発足し、週刊誌などで取り上げられて「味噌ラーメン」のうまさが全国区になった。札幌人に評判になるだけではなく「札幌の味噌ラーメン」として、観光客にまで人気が広まったのだ。札幌ラーメンの人気を不動の地位にまで押し上げたのは、ひとえに大宮の「味噌ラーメン」だったといえる。その後もラーメンの人気は衰えず、市内あちこちにラーメン店が出店し、「ラーメン戦国時代」が到来。２００４年10月に札幌駅前の商業施設に「札幌ら〜めん共和国」も登場し、右を向いても左を向いても？　ラーメン店ばかりだ。もともととは市民が愛好したことから始まった札幌ラーメンだが、皮肉なことに有名になるほどに地元民は行かなくなってしまったようだ。「ラーメン横丁ってどこですか？」と、観光客に聞かれて咄嗟に答えられる札幌市民は意外と少ない。若い女性などはラーメンよりも「パスタ、イタメシ、ケーキバイキング」の方が親しみがあるのが実情だ。少々さみしい話だが、「ラーメン横丁」や「札幌ら〜めん共和国」はすでに観光客向け、となってしまっている。ラーメン好きな地元民が行くのは、個人的に発掘したあまり知られていないラーメン屋……だったりするのだ。今では国民食といっていいほど定着したラーメンだが、中国人経由でやってきたため、中華街あるところにラーメンの原型あり。札幌は北区の中華料理店から発展していったが、「横浜中華街」も「日本ラーメン発祥の地」といわれたり、九州の久留米も「豚骨ラーメン発祥の地」を謳っている。札幌が間違いなく主張できるとしたら、「味噌ラーメン発祥の地」かな。

ラーメン横丁は複数存在。近年は外国人観光客の増加で一定の集客を確保できているが、人気店に客が集中し過ぎる傾向は悩みどころ

札幌市コラム

明暗くっきりの百貨店戦争 1

札幌市中心部の百貨店は、2000年代に入っても栄華を極めていた。札幌におけるデパートの歴史は古く、1906年に札幌初の百貨店と札幌興農園(後の五番舘西武)がオープン。1916年には丸井今井百貨店札幌本店が営業を開始。札幌三越のオープンはやや遅れて1932年だ。

中でも丸井今井は、市民から「丸井さん」と呼ばれるほど親しまれており、「札幌の代表格といえば丸井今井」というほどの勢いがあり、その地位は揺らがないと、札幌市民の誰もが思っていたのである。

この丸井さんを軸に、札幌中心部には札幌西武(旧・五番舘西武)、札幌三越の3大デパートが開店して以来、百貨店が札幌のトレンドを牽引し、激しい商戦が繰り広げられた。在りし日の札幌では、休日には家族でデパートで買い物をし、レストランで食事をするのが定番であり、ちょっとした贅沢だった。

ちなみに、北海道経済産業局の調べでは、1997年の道内百貨店の売上高は約5312億円にもおよび、どの店も老舗としての安定を謳歌していたのである。

しかし、バブル崩壊の荒波がこれを変えた。丸井今井のメインバンクであった北海道拓殖銀行が破綻すると、経営に陰りがみえてくる。また、消費者のニーズに変化が訪れ、老舗百貨店の影響力は凋落。別業種のスーパーやコンビニに売上高で逆転を許してしまう。

バブル崩壊とその影響で発生した就職氷河期以降、札幌市の購買力は低下。ブランド力が強みだった百貨店は単に「高い」店となってしまったのだ。

その後、衰退期を迎えた百貨店にとどめを刺すように、札幌駅再開発によって2003年には大丸札幌店、JRタワーとステラプレイズがオープン。大丸はさすがの分析力で札幌市民の心をつかみ、2009年1月には丸井今井を「地元の1番」から蹴落とし、売上高首位を奪取。これが最後の一撃、だったかどうかは定かではないが、丸井今井は同月経営破綻を発表し、民事再生法の手続きに入ってしまう。負債総額が500億円で、道内百貨店としては過去最大となった。後を追うように、札幌西武も同年9月に閉店。2009年は、長らく札幌をリードした百貨店破滅の年となってしまったのだ。

丸井今井は結局、2011年4月に三越と合併し「札幌丸井三越」となって丸井の名を残すことはできたが、三越系は丸井と三越の「ふたつののれん」が重荷となり、需要の先細り懸念から統廃合が危惧される（伝統を重視して統合はしないとのコメントがでているが）。現在の札幌百貨店戦争は、大丸のひとり勝ち状態が続いているわけだが、再開発が盛んになった札幌市では、今後また、新たな勝者と敗者が生まれるかもしれない。

第2章
フツーのつもりが実は特殊な札幌人

厄介者たちが全国から北海道へやってきた!?

開拓初期の移民は士族　仙台から移住

続いては「札幌人」に焦点を当て、札幌には、どのような人々が住み、どんな生活をしているかをみながら、札幌人という「人種」の性格を探ってみよう。

開拓によって現在の姿になった北海道。しかし、この開拓を担った開拓民たちには、いわゆる「フロンティア・スピリッツ」として表現される「新しい進路を切り開く」といった意味とはすこし違った心情がある。

なぜなら、多くの移民が苦しい事情の中で北の大地へやってきたからだ。特に開拓初期は明治維新後に失業した士族たちや、家を継げない農家の次男、三男坊は割を食う形で北海道へ移住してきた。来たくて来たわけではないのだ。

さて、史実を追いながら開拓移民のルーツを見て行きたい。まず1870（明治3）年に北海道に開拓使が設置されると、最も初期の開拓民として戊辰戦争に敗れた仙台藩の士族がやってくる。仙台藩の家臣団は敗者であるがゆえに「朝敵」の汚名を着せられて厳しい処遇を受け、わずかな土地にしがみついて農民になるか、北海道へ渡って開拓民になるかの選択を迫られたのだ。1871年、旧仙台藩の片倉家は所領1万8000石を没収され、家臣団を養うことが不可能になったことから、志願者は北海道移住を決定し、白石村（現・札幌市白石区）に入植した。開拓使判官の岩村通俊は入植者の郷里の名をとって「白石村」と名づける。

同時期に水沢伊達氏領が仙台藩から没収されたため失領し、水沢伊達氏家中は士族籍を得られず、北海道開拓に赴き、1871年に平岸村（現・札幌市豊平区平岸）に入植した。

仙台藩の士族がこぞって開拓初期に入植したその影響から、現在も札幌市白石区は宮城県白石市との地域ぐるみの交流があり、公的にも「友好都市」として設定されている。

札幌への入植 MAP

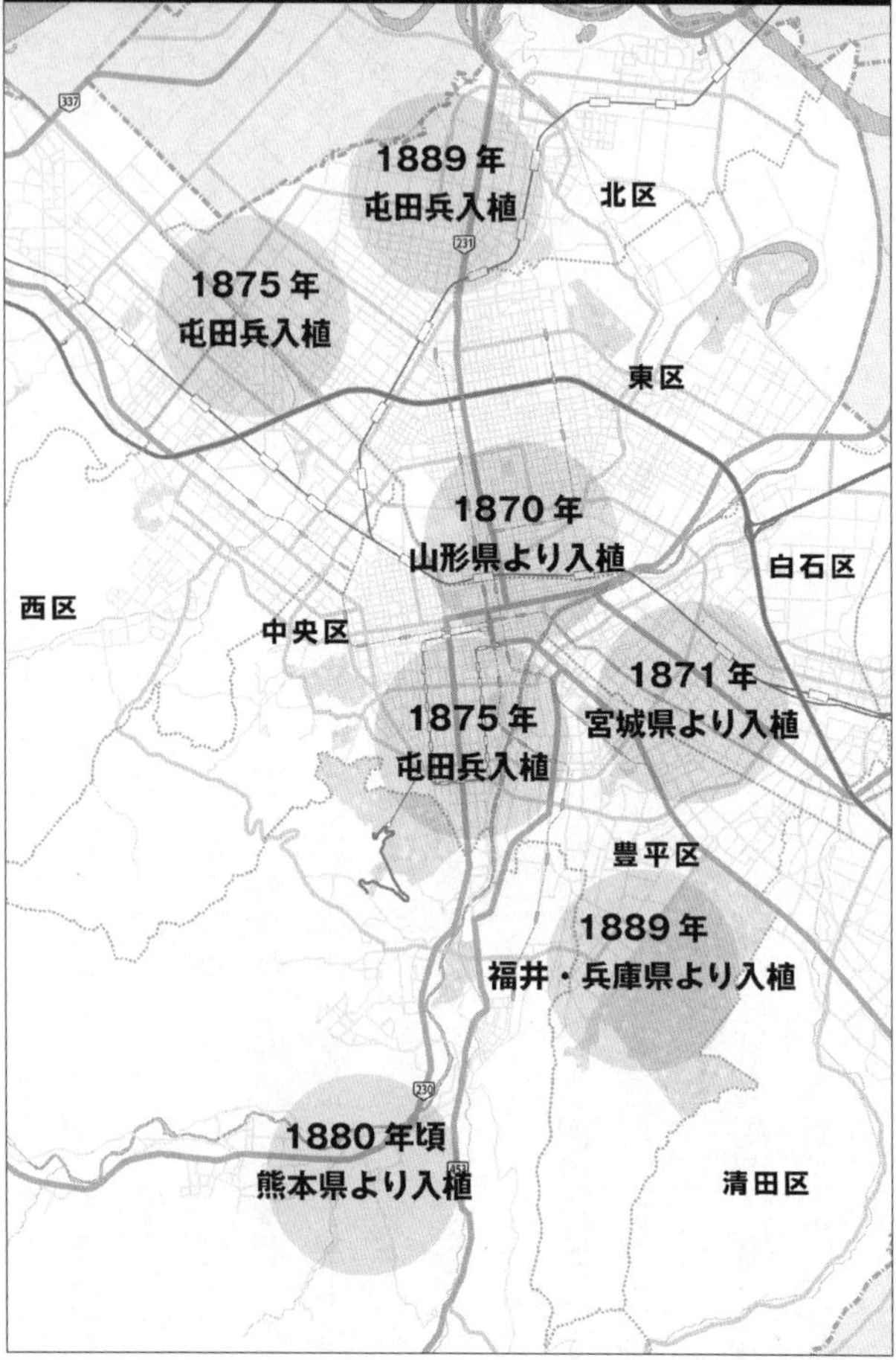

337
1889年
屯田兵入植
231
北区
1875年
屯田兵入植
東区
1870年
山形県より入植
白石区
西区
中央区
1871年
宮城県より入植
1875年
屯田兵入植
豊平区
1889年
福井・兵庫県より入植
230
1880年頃
熊本県より入植
453
清田区

屯田兵の入植　東北出身が中心

続いて大規模な入植があったのは、1875年〜1876年にかけての屯田兵の入植である。この時期は、日本およびその近海の領土は漠然としている部分もあり、ロシアの南下に対する国防と、治安維持が大きな目的であった。そのため屯田兵は18歳から35歳までの身体屈強な者が採用され、一般的な移民とは異なり「土地の開拓＋兵役の義務」を負っていた。札幌に入植してきた屯田兵の出身地に関しては、ここでも宮城県が最も多く、100戸を超え、青森、福島、山形などが続く。入植地は札幌郡琴似村、および山鼻・発寒に広がった。札幌ではこの頃に東北出身者が根付いたと思われる。

その後、1887年〜1888年には福岡、熊本、佐賀など九州の士族を中心に屯田兵が新琴似に入植した。九州を中心に入植が本格的に開始され、1889年に熊本・山口・和歌山・徳島・石川・福井などから220戸が篠路村（現・札幌市北区篠路）に入植している。「北海道に行けば、家も土地もやるぞ！」とおいしい話につられてやってきたのだろうが（当時はだいぶ喧伝があったようだ）、実際に現地に着いて、「こんなに何もない、寒いところだったなんて。もう故郷に帰りたい」と、途中で尻尾を巻いて逃げ出す開拓民もいたようだ。

　東北・北陸からの入植者は多いが、この時期には九州方面など全国から移民政策が行われていた。そうなるといろいろな出身地域間の習性の違いなどから、時には争いも起こった。1871年の白石村入植の際は、住民同士の軋轢によって、一部が手稲村（現・札幌市手稲区）に出て行ったという。

　現在の札幌市民は世代も交代し、孫世代が自らのルーツを探ろうとしても「うちのおじいちゃんは、仙台出身だったみたいだけど、そこから先は分からない」と、祖父母の出身地がかろうじて把握できる程度だ。家庭によって、祖父母の出身県の郷土料理や習慣が残っているケースはあるだろうが、やはりそれもわずかという印象を受ける。札幌市民の気質に「古い習慣やしがらみにとらわれない」という特徴があるが、さまざまなルーツを持つ開拓民たちが寄り集まって暮らす中、古い習慣にこだわっては生きづらく、「伝統」に重い価値が置かれなくなったのだ。そして、各地のルーツをかすかに引き継ぎながらも、新天地で新しい価値観が生み出され、今日の札幌に繋がっていく。

道産子の根本は東北人 長所も短所も引き継ぎました

秋田県と完全一致！　名字ランキング

「佐藤」「高橋」「佐々木」

この3つが北海道で最も多い名字、ベスト3である。ただ、佐藤に関しては全国でも最も多い名字であるので、別段珍しくもないだろう。ここで気にしてほしいのは、東北地方の秋田県も、この3つの名字がやはり同じようにベスト3となっている点だ。偶然の一致……？

いやいや、それにはやっぱり理由があるんですよね。では本項ではその名字を通して見えてくる北海道と東北の共通点を見ていこう！

まず、さらっと歴史的な話をしたいのだが、秋田県からの開拓期の移民は、屯田兵のように集団移住ではなく、個人が移住しているケースがほとんどである。「新北海道史」によると、北海道庁の下で開発が本格化した1886(明治19)年から、1935(昭和10)年までの秋田県からの移住戸数は6万3492戸であり、最も多かった青森県の6万7843戸に次いで多い。また、東北6県(青森、秋田、宮城、岩手、山形、福島)からの移住戸数は29万4962戸にのぼり、全体の約41・5パーセントを占めている。

現在では北海道と東北の行き来よりも、東京へ行く頻度のほうが一般的には多くなった印象があるが、開拓期は半数近くの移民が東北出身だったわけだ。

そうした歴史からか、各地に東北地方伝来の風習が残っている。ただし、この風習が単純に受け継がれた、と考えるのは気が早い。ここはさすが合理主義バンザイの北海道人。現在残っている風習は大なり小なり利便的なのである。その最たるものは節分の豆まきだ。一般的には「鬼は外~(掛け声にも諸説あるが)」と豆そのものをまくのが普通だろう。しかし、北海道には落花生(殻付き)をまく習慣がある。これは名字ランキングが同一であった秋田県で行われている習慣でもあるのだが、落花生を殻ごとまけば投げ終わったあと殻をむいて食べられる、という衛生的な理由もあった。秋田県に関しては他にも「秋田美人の肌の白さが遺伝子的に影響している」などと伝えられている。が……どうもこれは「秋田美人」というブランドをうまく取り込みたい作為的な思惑も強そうなので……ちょっと解説は控えよう。

しかし、悲しくも本来は廃れるべき風習（人間性？）も北海道へ引っ張ってきてしまった例もある。その代表格が「散財」。統計などで読み取ることは難しいが秋田県人はもとより金に無頓着な一面があるといわれ、それが現代の北海道人に色濃く影響しているようなのだ（北海道経済が良くないので多分に色眼鏡もあるだろう）。北海道人は道外への転入・転出ともに最下位ということもあって、人の動きが少ない。これは陸路では移動に限界があるということもあるが、東北からやってきた開拓民たちは、そうした事情もあって、多くは北海道に根を下ろした。

さて、再び名字のランキングに話を戻すが、順位が前後しているものの、北海道と上位3位が一致しているのは岩手県だ。「佐藤」「高橋」「佐々木」となっている。

北海道の名字と都道府県別に見た名字ランキング

順位	都道府県別	件数	順位	都道府県別	件数
	全国			秋田	
1	佐藤	2,055,000	1	佐藤	88,000
2	鈴木	1,799,000	2	高橋	50,000
3	高橋	1,495,000	3	佐々木	46,000
	北海道			岩手	
1	佐藤	164,000	1	佐藤	69,000
2	高橋	96,000	2	佐々木	66,000
3	佐々木	78,000	3	高橋	62,000
	青森			宮城	
1	工藤	44,000	1	佐藤	164,000
2	佐藤	36,000	2	高橋	97,000
3	佐々木	29,000	3	鈴木	73,000

※各種資料より作成

開拓期の岩手県からの移住戸数も4万2戸と結構な規模で移住しているのだが、岩手県の名物「盛岡冷麺」「じゃじゃ麺」は残念ながら北海道に根付いている、とはいいがたい。県民性についても「暗いけど忍耐強く、ロマンチスト」といわれる岩手県民と「おおらかだけどガサツ。飽きっぽくて合理的」な北海道民とは、どちらかというと相反しており、相性も悪そうだ。移民数は多いが、性質と風習は、岩手県からはあまり伝わらなかったようである。

お次は青森県だが、上位3位中、

「佐藤」「佐々木」の2つの名字が北海道と一致。青森県からの移民数が最も多いためか、青森の風習は北海道にも大きな影響を与えている。北海道の夏の「ローソクもらい」は、津軽地方のねぶた（〝ねぷた〟ともいう）にそのルーツが見られ、津軽では家々を廻ってローソクをもらって歩く習慣があり、行事の際に歌われる歌詞にも共通性が見られる。

最後に宮城県だが名字では上位3位中「佐藤」「高橋」の2つの名字が一致。宮城県からは幕末の混乱で士族が多く北海道に渡ってきている。ほかの頁で詳しく紹介するが、宮城県白石市からの移民の影響が地名などに残っている。宮城県の県民性は「男性は頑固で、女性はおおらか。ミーハーな一面がある」と、おおらかで享楽的なところが北海道人に似ているようだ。これも、受け継いでしまって、いいような、悪いような部分？

長い説明になったが、北海道は名字の分布も東北地方と酷似しており、文化・風習・民族性ともに東北とのつながりを無視できない。そもそも東北地方全体が「佐藤」姓の多い地域だ。佐藤姓は、「佐（すけ）」という官職名からきているもの。つまり「佐（という高官を務めた）藤（原氏の一族）」という名誉あ

写真は、仙台駅前の風景。仙台の方言は語尾に「んだっちゃ」とつけるらしい

る名前なのだ。東北に佐藤姓が多いのは、平安時代末期に東北地方を治めた奥州藤原氏に仕えた「名誉ある家臣」の血筋を誇示、もしくは勝手に名乗った一族が多かったから、というのが有力な説である。これをみるだけでも、北海道に佐藤姓が多いこととと、北海道に東北出身者が多いことの相関関係は明白だ。「東北人から生まれた道産子」、といってしまうのも、いいすぎではないのである。

少なくとも、東北地方の最大公約数的な特徴が、札幌をはじめとする全道に見受けられる。

入植者から伝わるDNA 東北弁がルーツの北海道弁

北海道の変な日本語は東北からやってきた！

東北の影響力が大きい北海道と札幌。それは言葉をみてもわかる。たとえば何気なく使う「ゴミ、投げて（捨てて）きてくれない？」だったり、「これとそっちをばくって（交換して）くれない？」といった表現を使った時だ。相手に「えええ!?」という顔をされて初めて、札幌人は「あー、そういえば方言だったっけ」と気づく。「投げる」も「ばくる」も青森の方言だ。青森ではお米を水に浸ける時は「米をうるかす」といい、元気よく遊び回る子供を見ては「きつかないなあ」という。「きかない」は北海道でも使い、「気が強い」という意味がある。新しいセーターを着て肌がチクチクすると、「この服、なんかいずい（違和感がある）」.だし、体の具合が悪い時は「ああ、こわい（だるい）」と頭を押さえる。なお、これらの方言は青森県・秋田県・宮城県辺りでも使用されている。札幌でも、中高年ほど東北由来の表現を使っている人が多い。札幌から就職を機に東京へ移住した20代の女性は、「表の棒グラフのことを説明するのに、『このぼっこが』っていったら、職場で大笑いされたんですよ」と恥ずかしそうにいっていた。「ぼっこ」も秋田県で使われている表現で棒状のものを指す。道産子だもん、仕方ないっしょ！　なんもなんも、気にすんでない！

過去形表現も東北からやってきたのだ

北海道のおかしな日本語の代表として、「よろしかったでしょうか」と過去形で話すことが挙げられる。また、電話で「もしもし、○○です」ではなく、「○○でした～」と出て、びっくりされることも。こうした「丁寧に話そうとすると、過去形で話してしまう」現象は、やはり東北に由来がありそうだ。青森県・秋田県・岩手県（一部の山形県）では「いがった・えがった（良かった）」「おば

東北と北海道の方言の類似性

東北の方言	北海道の方言	標準語の意味
すばれる・しばれる	しばれる	厳しい冷え込みだ
(ゴミを)投げる	(ゴミを)投げる	(ゴミを)捨てる
(体が)こわい	(体が)こわい	(体が)だるい
(手袋を)はく・する	(手袋を)はく	(手袋を)はめる
きかず	きかない	気が強くてわんぱく
いずい	いずい	違和感がある
うるかす	うるかす	水に浸けておく
ばくる	ばくる	交換する
めごい・めんこい	めんこい	かわいい
あずましくない	あずましくない	落ち着かない
わや・わんや	わや	ひどい・めちゃくちゃ
ちょす	ちょす	触る

※各種資料より作成

んでがんす（こんばんは）」など、過去形使いの原型がある。東北からの入植者が多い北海道では、自然な流れで過去形表現が根付いているのだ。「よろしかったでしょうか」は、東北弁の「いがったかい？」を北海道の方言に移植した結果ではないだろうか。また、北陸・東北地方（一部、九州でも）で使用される「なして（どうして）」も、非常に汎用性が高い表現だ。アクセントが前に来ると「なしたのさ！」と「どうしてそんなことをしたのか」と相手を責める表現になる。アクセントを後ろにすると「なしたのさ？」と「なぜあなたがそんな状況になったのか分か

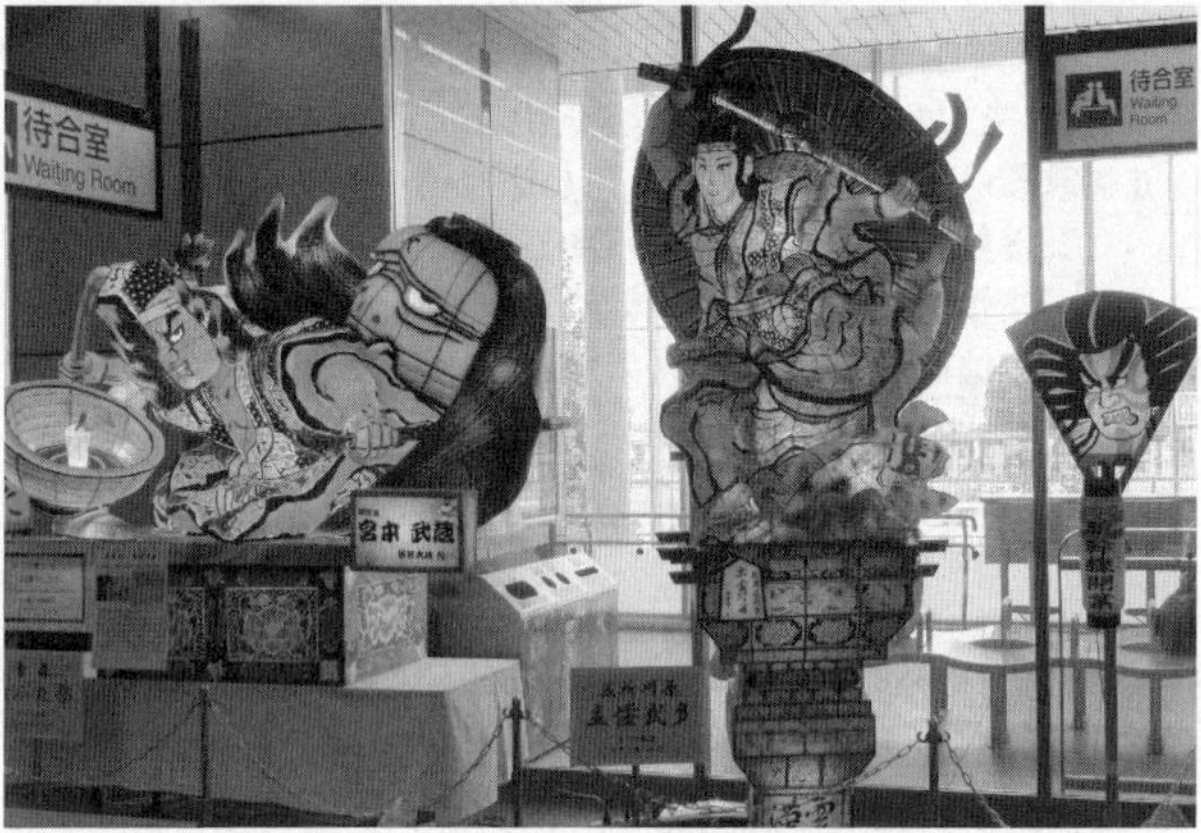

幕末の騒乱で敗者となった東北から北海道に渡った人は多い。ただ、東北弁の影響は強くとも現在の北海道弁は独自の進化を遂げている

らない」という戸惑いを伝えられる。もっとも、東北由来といっても、北海道では独自に言葉が発展していっているため東北弁そのものではなく、若干の変化が見られる。「ゴミステーション」は東北にはないし、「だべさ」「いいっしょ」「〜かい」に見られる文末表現も北海道独自のものだ。

開拓時代から数世代を経て、メインとなっている東北由来の古い方言が少しずつ廃れ、変化した代表的な表現が受け継がれつつある。全国の人は道産子の言葉遣いが「なまらおかしい」っていってるみたいだけど、そんなに変でないんでないかい？

中央頼みの影に名も無き開拓民の大きな存在

開拓のリーダーも苦労　北海道のお役所気質

北海道の入植者の多くが東北出身であるとこれまで述べてきたが、開拓のリーダー的存在も東北出身者か……というと、意外にも多様であったりする。ここでは入植者のリーダーシップを担った人物を順を追って解説していきたい。

1866年に北海道に移住して、道路や橋、水路や農場づくりを指導した大友亀太郎は神奈川県出身。中央区の創成橋にある（工事中は札幌村郷土記念館の前庭に仮設置）「大友亀太郎像」でその功績が讃えられている。また、付近にある「札幌建設の地碑」には、北海道開拓の父とも呼ばれる、島義勇が札幌の街造りの基点を定めた場所である。開拓使判官・島義勇の出身地は佐賀県で、道外では「佐賀の七賢人」として知られている。とはいえ、ある程度の開拓を進めたあと、大友亀太郎も島義勇も北海道を出て、それぞれ元の居場所に戻ってしまった（やっぱり慣れない北国は辛かったのだろうか）。

島義勇にいたっては在任期間がわずか半年で、資金を使いすぎて上司と衝突して解任されたという経緯がある。北海道ではむしろ「上と衝突してでも意志を貫く」気骨がある人間は煙たがられ、「お上にゃ逆らうな」という気風がこの頃からあったのかもしれない。お互いになあなあの馴れ合いで事を進めるのが、北海道流なのだ。

だが、しっかりと北海道に根を張って地道に貢献した人物も当然居る。南区の定山渓温泉開発に生涯を捧げた美泉定山は、もともと、岡山県の出身で、来道してアイヌの人の案内で温泉を見つけ、そこに人々を癒すための湯治場をつくった。美泉定山の生誕200年を記念して造られた定山源泉公園には、定山坊の像が建てられている。最も、公園にやって来る人たちは源泉で温泉たまごをつくるのに夢中で、定山坊の像は素通りだ。定山坊は僧侶という立場だったゆえか上と衝突することもなく、開拓使判官の岩村通俊に認められて「湯守り」

に任じられるなど、支援を受けながら温泉開拓に励んだ。上に逆らわず、唯々諾々と従っているほうが、この土地では成功できたのだろう。

名も無き開拓民が一番スゴイ!?

そのほか、東区には「札幌玉葱記念碑」という、いかにも東区らしい記念碑がある。日本で初めて玉ねぎ栽培が札幌でスタートしたことを記念して建てられたものだが、玉ねぎ栽培に貢献した農家たちの出身地は山形県や富山県が多かったようだ。厚別区では長野県から入植した開拓者たちが信濃神社を建立して、故郷のよすがとして守り、開拓に励んだ。豊平区でも同じように、岩手県・福島県からの入植者が相馬神社を建てている。全国各地からやってきた名もなき開拓者たちが、土地を少しずつ開墾し、苦労の末に北海道を発展させていったからこそ、道民は開拓民を尊敬している。

ただ、その尊敬は地位や名前があるから、という意味ではない。北海道出身のアナウンサーが以前、「うちのご先祖様は屯田兵で、北海道では先祖が屯田

各区の記念碑およびゆかりの地と入植者の出身都府県

場所	記念碑	出身県
東区	札幌玉葱記念碑	山形県、富山県
西区	琴似屯田兵村兵屋跡記念碑	宮城県、青森県、岩手県、秋田県、山形県、福島県、新潟県、石川県、東京都
南区	定山坊像	岡山県
北区	江南神社	徳島県、和歌山県、山口県、福岡県、熊本県、福井県、石川県
白石区	白石開拓記念碑前バス停	宮城県
手稲区	山口開基 80 周年記念碑	山口県
中央区	札幌建設の地碑	神奈川県（大友 亀太郎）
清田区	開拓功労碑	岩手県
厚別区	信濃神社	長野県
豊平区	相馬神社	岩手県、福島県

※各種資料より作成

兵だとちょっとしたエリート扱い」と発言したが、たいていの札幌人は「え？　そんなことないよ」という反応だ。北海道といっても広いので、土地によって考え方は異なるかもしれないが、札幌あたりでは、先祖が誰であれ、「ふーん。で、だからどうしたの？」で済んでしまう。

なお、屯田兵については西区に「琴似屯田兵村兵屋跡記念碑」が建てられており、名簿に記載された出身地を見ると、宮城県を中心として各地からやってきていることが分かる。中には移住してきて出世した人間もいるのだろうが、大半は土地の名士になることもなく、一人の名も無き開拓民として畑を耕し、生涯を終えているのだ。道民が尊敬するのは、むしろ名を成した人よりも、苦労して開拓の鋤を入れたこうした開拓民である。「先祖がすごいからって、なにさ。北海道の厳しい自然に耐えて、土地を開拓した人の方が、よほど偉いよ」と彼らはいう。

あまり抜きん出た人材がおらず、パッとしない人、いわゆる「雑草」が多いからこそ、北海道では「判官びいき」の傾向が強いのだ。これもまた、北海道独特の気風である。ただ本音の部分は「お上には逆らわないけど、尊敬はしていない。本当に偉いのは現場でがんばった人」といった具合である。市内の記念碑は、札幌人の「名も無き開拓民への感謝状」といってもいいだろう。

統計が教えてくれる変わり者の札幌市民

カレシ争奪戦！　結婚出来ない女たち

それではここからは現在の札幌人を各種データより分析したい。まず、札幌市は独身女が多いということ。これは統計的に未婚率が高いことからもハッキリとしている。２０１５年の調査では札幌女性の未婚率は27・５パーセントと、全国平均の23・４パーセントと比べて４ポイントも高い。また、平均初婚年齢についても29・６歳と高い（全国平均は29・４歳：２０１４年）。そもそも札幌の男女比率には大きな差があり、２０１９年度は男性91万６５６４人に対し、女性が１０５万３８５６人。13万７２９２人もの差が開いているのである。相手がいないのだから、未婚率が高くなっても仕方がない。

では、結婚適齢期である25～29歳の男性は、どこに行ってしまったのか。札幌では大学卒業後、男女とも転出超過であり、仕事がないために学校を卒業すると道外へ働きに出る姿が浮き彫りになる。特に男性の転出が多いため、女性はプロポーズを待っていると、競争率が高過ぎていつまで経っても結婚、いや、彼氏すら出来ない。したがって札幌女性は恋愛に積極的で、イイ男はいないかと鵜の目鷹の目で機会をうかがう。もちろん「見つけ次第即ゲット」は当然である。

20代前半のある色白の札幌女性は、職場に東京から転勤してきたイケメンを見つけるやいなや、接近を開始。自分から積極的に話しかけ連絡先を交換、飲み会でもさりげなく隣に座り、ひと月も経たないうちに見事に交際に持ち込んだ。狙った獲物をあっという間に仕留める女豹のような恋愛テクニックは、実にあっぱれである。

しかし一方で結婚自体に興味を示さない女性も増えている。ＮＨＫが１９９６年に行った全国県民意識調査によると、「人は結婚するのが当たり前だと思いますか」という質問に対して、北海道は全国平均48・５パーセントを大きく下回る44パーセントが「そう思う」と答え、都道府県順位では43位である。旧来の伝統にこだわらない北海道人気質と男女平等意識が高い風土では、結婚観も自由を重視している。札幌市の20歳以上の男女に対して行った「結婚は個人の自由であるから、結婚してもしなくてもどちらでもよい」という設問に対して「そう思う（50・9パーセント）」「どちらかというとそう思う（21・5パーセント）」と合計7割以上が結婚しなくても構わないと考えていることになる。女性も働いて自立出来るようになったため、男性の経済力に頼らずに生きていけるのなら、気楽な独身生活の方が魅力的、と考える人がいてもおかしいことではない。

傷つきやすい男性と気の強い女性

なお、40代以下の男性は、母性愛の強い母親に可愛がられて育ったため、あれこれ世話を焼かれるのに慣れている。そのため、家事はいわれればするが自分からは積極的に動かない。２０１６度の男女共同参画に関する市民意識調査

札幌市民の結婚・家庭・離婚に関する考え方

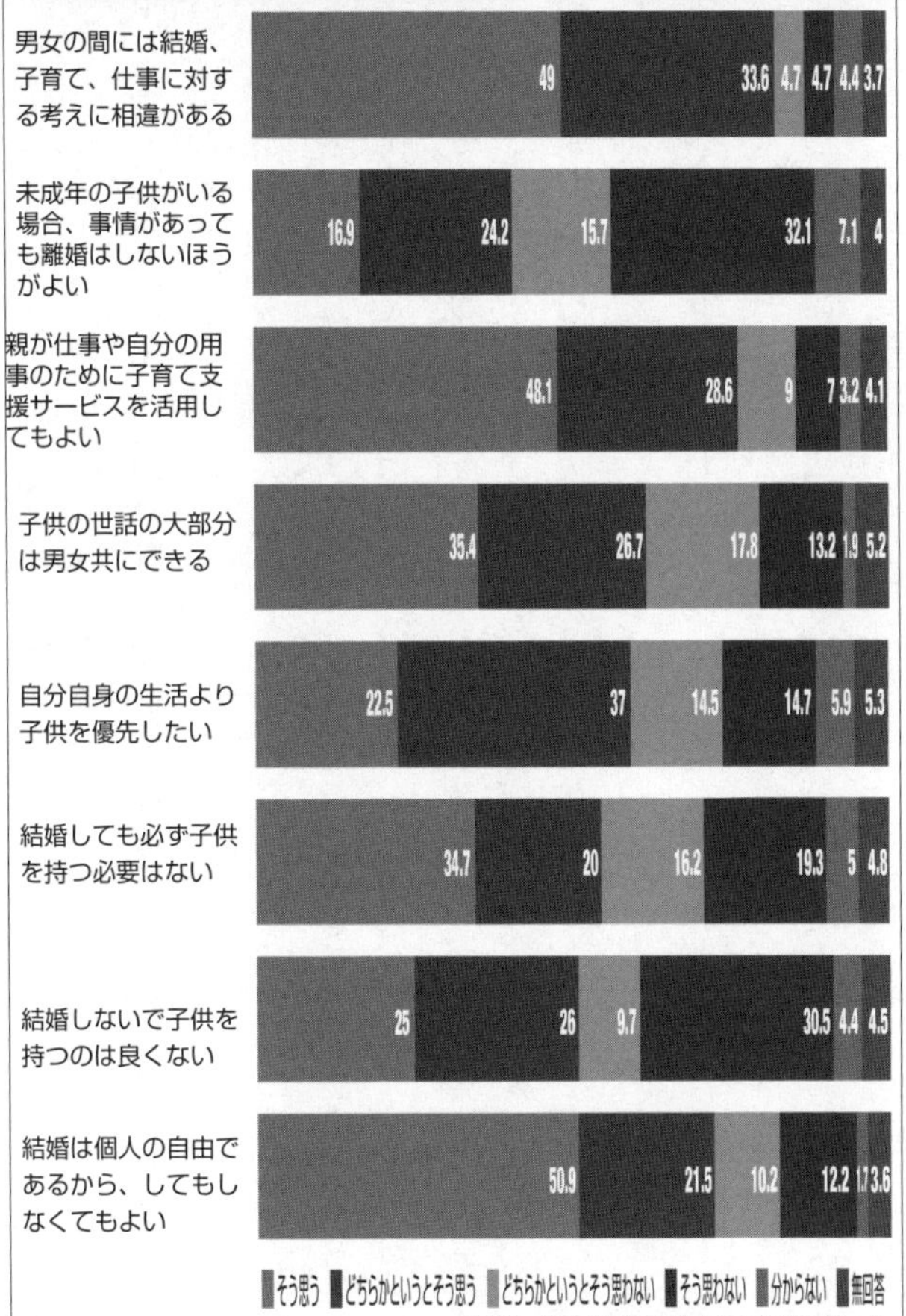

※札幌市　男女共同参画に関する市民意識調査より

では、「男性は仕事、女性は家事」という考え方について、「賛成である」が女性36・5パーセントに対し、男性51・0パーセントという結果になっている。男女の差別意識が低い風土といわれながらも、家事は女性がやるものと半数以上の男性が考えていることになる。

女性は結婚や出産後も働く人が多いため、仕事や家事、育児に場合によっては親の介護など、実に多くのものごとを抱えることになる。同調査で「女性が働く上で支障になること」について、82・7パーセントの女性が「家事・育児・介護と仕事の両立が大変」と回答しているのだから、女性たちの苦労がよく分かる。「家事と育児は女の仕事」と半数以上が認識しているおんぶにだっこの札幌男性だが、強い母親に育てられた経験から女性を怒らせると怖い、ということは身に染みて知っている。「手伝って」というと、素直に協力するタイプが多い。札幌男性の場合、女性のいうことを聞く素直さと甘えん坊なところが、母性本能をくすぐるようだ。結婚して子供が出来ると、子供をよく可愛がる良いパパになる。家庭の財布は当然妻が握り、自分は月数万円のお小遣いでやりくりしている。家族の絆を大切にしているため、温かい家庭を築く努力を惜しむことはない。小さな子供がいる家庭の週末の行楽は、札幌では親戚の繋がりが薄く核家族が多いため、家族単位で行動する。

札幌男性は強い個性はないものの、意外にセンシティブな心を持ち、傷つきやすい。鋼の神経を持った札幌女性とは対照的である。自己顕示欲が強くないため地味で、目に見える華やかな男らしさはないが組織の一員としては優秀で、どんな環境にも順応してたくましく生き残っていくしたたかさがある。目立つのは好まないが、「誰もやらないのなら、自分が」と進んで面倒を引き受ける男気もある。マイホームパパではあるし、おムコさんにするには悪くないかもしれない。

ステレオタイプな道民性「おおらか」は本当なのか

前出の全国県民意識調査によると、「居住県以外でどの都道府県に住みたいですか」という質問に対して、なんと北海道が第1位にあがっている。2位が静岡、3位が東京と続く。

雄大な自然への憧れと、新鮮で美味しい食べ物の魅力が高いといった点が人気の秘密と考えられるが、それ以外にも「人がおおらか」という独自の道民性も居住先を選択するにあたり、重要な要素となっている。排他性が薄く、移住者をすんなり受け入れられてしまう気軽さがあるからだ。

道産子の道民性は「おおらか」で札幌っ子にも当てはまる。自然体で、初対面でも十年来の友人のように気さくに接し、ちょっとした失敗も「なんもなんも」と軽～く受け流してくれる。

どうしてこのような道民性が育まれたのかは、明治以降本州からの移民がほとんどを占めるから、どんな人も受け入れる土壌があったためという説が定着している。だが、見方を変えると少し違う気がしないでもない。

背景として、自らがヨソ者だったから相手をヨソ者扱いはしないが、その実内心では「面倒な事には関わりたくない」と思っている。人間関係の距離感がほど良いといわれる札幌人だが、実のところ、相手の私生活に深入りして厄介事をしょいこむのが面倒なのである。また、ご近所とも親しくなり過ぎてプライバシーを侵害されることを嫌う。

だから相手が多少おかしなことをやっていてもうるさくいわないし、興味がなければ、見て見ぬふりをする。札幌人はことなかれ主義でめんどくさがり屋が多いため、自分がちょっと我慢すれば済むことであれば、いちいち人に注意する気力もわいてこない。かといって冷淡というわけではなく、押し付けがましくない程度に人には親切にする。「みんなで助け合わないと」という気持ちは持っている。

結果として「おおらか」という札幌っ子の評判がついてきたようである。なんのことはない、ただ単にめんどくさいからすべてをスルーしているのだ。

見栄っ張りが嫌いなくせに「いいフリこき」である

札幌っ子は総じて「開放的」といわれ、見栄を張ることをよしとしない。北海道弁で見栄っ張りのことを「いいフリこき」といい、見栄っ張りは敬遠され、「何いいフリこいているのさ」とつつかれる。しかしながら、道内の人間から見ると札幌っ子は「いいフリこき」である。どうせ東京から見れば札幌も地方都市に過ぎないくせに、一端の都会人ぶっているあたりが気に食わない。

おまけに年収は低いくせに浪費が激しく、後先考えずにローンで新築の家を建てて悦に入り、車の調子が悪くなってきたからと新車を買ってしまう。その結果、自己破産が相次ぎ、都道府県別の自己破産者数では毎回トップ10入りを果たしている。これもやはり「いいフリこき」のなせる業である。

また、新しい物が大好きだから、新製品と聞けば並んでも買い、自ら進んで毒味役になる。こうした札幌っ子の性質を利用して、企業はしばしば札幌で商品のテスト販売をする。

スターバックスコーヒーが2001年に札幌パルコに北海道の第一号店をオープンすると、開店初日から長蛇の列ができ、世界中のスターバックスの店舗のなかで札幌パルコ店が初日売り上げ世界一を達成してしまった（現在は別店舗が世界一）。本国アメリカではあまりの売上高に耳を疑ったそうだ。流行に敏感で進取の精神があるといえば聞こえはいいが、ただのミーハーともいえる。

低所得層が多く、貧乏自体は恥ではないため「ウチはビンボーでお金ないから」とカラッといってしまう。金がないのは当たり前、「金がないけど、買っちゃった」と笑うのが札幌人の見栄なのだ。「いいフリこき」ではあるが、札幌っ子の見栄を張るポイントは他県と比べてずれているのかもしれない。

熱しやすく冷めやすい相反する札幌人の性質

「ブームは札幌から始まる」といわれるほど、流行に敏感な札幌市民は、ブームになると熱狂的にハマるのに、すぐまた別のものに夢中になって忘れていってしまう。そのため、札幌で出店する企業は開店当初に爆発的な売り上げを出しても、数年後には撤退を余儀なくされるケースが多い。

例をあげると、一時期は行列が途絶えない状態だった田中義剛が経営する「花畑牧場」の生キャラメルも、2007年大ヒット後に経営を拡大したが、2009年には札幌工場を閉鎖して従業員を300人リストラした。同社の主力商品だった生キャラメルは現在、売り上げが8割から1割程度まで下がってしまった。今ではもう、並んで生キャラメルを買う姿は見られない。競って噂の生キャラメルを買い求めた札幌っ子だが、飽きっぽい消費者としては企業にとって油断のならない存在である。

具体的な人生設計がない行き当たりばったり生活

札幌市民の貯蓄意識はとても低い。そもそも貯蓄の源となる可処分所得が全国を大きく下回っていて、貯めること自体に無関心のように思える。２０１８年度の可処分所得は全国平均45万５１２５円、札幌では45万７５４５円と全国平均を上回ったが、２０１９年８月の速報値は全国が43万１８０４円に対し、札幌市は42万７９４５円と低い。ほとんどの年で札幌市は全国平均を下回っているので、２０１８年は近年の平均値と比べ「妙に多い年」だっただけのようだ。

「江戸っ子は宵越しの金を持たない」という、粋と美学に基づいた消費行動ならともかく、札幌っ子の場合は「気がついたら財布の中身が空っぽになっていた」という計画性のない金遣いの荒さだからどうしようもない。不思議なことに、年収が低い人ほど貯蓄をせず、生活費が底をついたらクレジットカードを使って自転車操業で暮らし、金がないのに洋服を買い、飲み会に繰り出す。また、札幌っ子は小難しいことを考えるのは苦手。とりあえず今は楽しいし、何とかなるだろうと、遠い将来や老後の人生設計まで考えることはない。今の生活を切り詰めてまで貯蓄する人間の方が理解出来ないし、身の丈以上の夢や野望を持つこともない。いつかやってくる老後よりは、今の旅行や趣味、娯楽にお金を使う方がよほど有意義なのである。

年収200万円のある若い札幌女性は、「給料日まであと10日もあるのに、銀行の残高が1千円になっていた。キャッシングしてくる」と同僚たちにけらけら笑いながら話す。傍で見ている方が一体どんな生活をしているのかと心配になるが、本人はいたってあっけらかんとしている。行き当たりばったり生活だが、遊んでくれる友だちは多く、楽しそうにしている。お金がなくても平気な札幌人ののんきさがよく現れている例である。

尋常じゃない地元愛は舌が肥えているから!?

北海道の2017年度の食料自給率は農林水産省「平成29年度都道府県別食

料自給率の推移（カロリーベース）」によると206パーセント、この年の全国平均は38パーセントで北海道はぶっちぎり全国1位。実に日本の食料の約3分の1を生産している。ちなみにこの年は米が豊作だったため前年比21ポイント増加している。続く2位が188パーセントの秋田、3位が137パーセントの山形となっている（ちなみにワースト1位の東京と大阪は1パーセントとなっており、ワースト3位の神奈川は2パーセントだ）。

季節ごとに新鮮で豊富な野菜が近所で手に入る。アスパラガスや春キャベツ、海の幸はカニ、ウニ、ホタテ、エビと例を挙げれば止まらない。牛乳といえば北海道の定番だし、肉がおいしくなるからと乳清を与えてホエー豚を飼育しているこだわりようである。

これだけの豊かさが当たり前のように存在している北海道に住み、普通にスーパーで道産食材を手に入れて毎日の食卓を楽しんでいる札幌っ子は、道外に出るまで自分がどれほど恵まれた環境にいたのか気づかない。

2018年の札幌市の人口動態では、全体で7647人増加したものの、5万5697人が転出している。かなりの人数が転出しているのにもかかわらず、人口が増えているわけで、入れ替わりが激しい印象があるが、どうやら道外に一度転出した人間が札幌に戻ってきているようだ。職を求めて転出したものの、やはり地元がいいとUターンする人も多い（経済的な理由もあるだろうが）。

東京に流れていった札幌人は、一様に「東京の食べ物はまずい」と不平を漏らす。じゃがいもなど、全国どこでも同じ味だと思い込んでいる札幌っ子だが、バターをつけるだけでおいしいほくほくしたジャガイモは、道外産では味わえないことを知って愕然とする。高級レストランでは東京でもおいしいものを味わえるだろうが、日常で購入する食材自体の味が違うのだ。まるで海外へ移住した日本人が食生活で苦労する様子さながらに、札幌っ子は道外で戸惑う。

東京で食べるホッケも北海道で食べるホッケとは違い、あの脂が乗ったうまみある魚とは別物である。日本人が最もこだわる米も、コシヒカリよりもうまいと評判の道産ゆめぴりかを食べれば、もうほかの米はいらない。サッポロクラシックも東京では近所で買えない。デパ地下に行けば、最高の食材で作ったスイーツが選び放題だった札幌。みそラーメンにジンギスカンの記憶も蘇り、長くいればいるほど、うまいものがそこら中で手に入った札幌が恋しくなる。

大通公園には買い物に疲れた人が足を休めたり、観光客やビジネスマンの憩いの場になっている。天気のいい日には、芝生の上でひたすら日光浴をする若者がいる（ただし、夏限定）

大通公園で、焼きとうきびにかぶりつきたい……夏にはビアガーデンもやっている。道産の旬の食材で育った札幌っ子は、天然のグルメといってもいい。生まれ育った土地のおいしいものと、郷土愛とは深く結びついているのである。

助け合いの精神を持ちながらも、めんどうを全部スルーするおおらかさ。変なところで見栄を張り、ミーハーで浪費が激しく、財布がスッカラカンでも能天気で、食に対する執念と郷土愛が一致している札幌っ子。どこか変でも、これが札幌の普通なのだ。

札幌の食べ物はやはり美味。特にホッケだけは北海道で食べないとダメ。東京など他地域にいった人は必ずホッケロスに苦しんでいる

誰も座らない専用席(優先席)。たとえ満員であっても、高齢者以外、札幌では専用席に座る人はいない

何にでも砂糖をまぶす！“札幌人甘覚説”は本当か!?

東北より寒いのに実は薄味が好み

現在、北海道の住民の多くが東北由来の移民の子孫であることは、すでに説明したとおり。その影響もあって、風習や文化についても東北に起源があるものが多々ある。となれば当然、人間の最も大切な要素である「食」に関しても、やはり東北由来……とはいかず、実は異なる部分も多い。

東北の食文化の特徴としては、味付けが濃く、特に「塩辛い」とよくいわれている。これは東北の気候が寒冷であり、塩分摂取量を高めて体温を維持する必要があったことが大きな要因とされる。じゃあ、東北より寒い札幌の市民も塩辛い味付けが好みかというと、そうではなさそうだ。

総務省の「家計調査」（二人以上の世帯／2016～18年平均）で東北6県の県庁所在地（青森、盛岡、仙台、秋田、山形、福島）と比較してみると、塩分摂取の目安となる「しょう油」「みそ」の支出金額および購入数量において、札幌はいずれも最下位。「食塩」に関しては仙台と秋田より上位にいるものの、そもそも調味料全体への支出金額が全国51都市の中で5番目に低く、基本的に「薄味が好み」という結果となっている。いい換えれば「食材そのままの旨さを堪能している」となり、〝日本の食料基地〟北海道の拠点都市の住民として至極まっとうな食生活を送っているともいえるだろう。

しかし、そんな札幌人（正確には北海道民）の食に関して、他県人が眉をひそめる側面が存在する。それが、甘党としての顔だ。

男も女もみんな甘党　でも料理はシンプルに

地域差はもちろんあるが、北海道では「甘納豆入りの赤飯」「納豆に砂糖」「トマトに砂糖」のほか、岡田大著『北海道あるある』でも紹介されている「栗入りの甘い茶碗蒸し」「砂糖をまぶしたアメリカンドッグ」が地元の食文化として根付いている。札幌人も当然ながら甘みを好む味覚を引き継いでおり、市や洋菓子協会などが連携して展開している「スイーツ王国さっぽろ」が発展した背景には、甘いものが大好きな市民の支えがあったことは間違いないだろう。

また、札幌では「甘党男子」として、堂々とスイーツ好きをカミングアウトする男性も多い。男女平等意識の高い札幌では甘党男子が奇異の目で見られることはあまりなく、男も女も「甘いものって、おいしいよね〜!」と語り合いながらスイーツを心ゆくまで堪能できるスイーツ好きの楽園なのだ。家計調査を見ても、最新の2019年では支出金額が51都市中「キャンデー(3位)」「チョコレート菓子(2位)」という高い支出金額が、札幌人の甘いもの好きを裏付けている。

そのルーツのひとつと思われるのが、明治以降の開拓期、甘いものが貴重だった時代に開拓者が黒砂糖を具にしたおにぎりを食べていた、という逸話だ。肉体労働に明け暮れて疲労した体を回復させるものとして好まれたのだろう。北海道の開拓者の甘いものを好む味覚が残り、今の札幌人に影響しているのかもしれない。

ただ、別のデータを見ていくと話は違ってくる。北海道は日本一のビート（甜菜）生産量を誇っており、農畜産業振興機構の資料によると、２０１８年の産糖量は約61万トン。サトウキビで有名な沖縄県と鹿児島県を合わせても約15万トンというから、相当な量の砂糖が生産されている土地だ。にもかかわらず、家計調査における砂糖の平均支出金額は51都市中34位と中間に位置している。家庭で砂糖が消費されるのは、主に食卓にのぼる料理への味付けの場面。そうなると、これらのデータから見えてくるのは、日本一の砂糖産出地で甘党も多いが、食卓に出される料理に砂糖をドバかけているわけではない、ということ。要するに、札幌人は甘い味付けというより「スイーツ好き」という意味での甘党というわけだ。

なお、全国的に有名になった「甘納豆入りの赤飯」は、光塩学園女子短期大学の初代学長、南部明子先生がＨＢＣの番組や料理の講習会などで紹介して評判を呼び、家庭に定着していったという。

テレビなどで前述の食文化が全国に紹介され、他県民から「道民の味覚は甘

ずらりと並ぶ札幌スイーツ。甘党なら、何個でもいける。見た目もかわいいのでお土産にも

すぎてヤバい」と思われるようになった感もあるが、決して味覚音痴なわけではない。他県民が顔をしかめる「甘い食べ方」も「甘いものが好きだから手軽な方法として砂糖をまぶすだけ」ととらえることができるだろう。だけど、「食べ方や料理はシンプルに」ってことは、悪く考えると札幌人は食に対しても頑張らない体質ってことになるのかなあ？

札幌の恋愛事情は肉食系女性がポイント

札幌女性は基本的に肉食

平成29年人口動態調査（厚生労働省）によると、札幌市の婚姻率が1000人当たり5・2であり、東京都区部（7・0）、名古屋市（5・9）と比べると若干低い数値だ。他都市と比べて、婚姻率は高くはない。そんな札幌市の男女はどのような恋愛をしているのだろうか？

こうした男女間の実態を探るため札幌で人気の街コン『エゾコンMAX』を主催するGENIXY株式会社の代表、工藤正広社長にお話を伺った。ちなみに街コンとは、地域活性化と婚活の場を創出することを目的としたイベントで、1000人近い男女が複数の店舗を回遊しながら合コンを行う。GENIXY

株式会社では、こうした街コンはもちろん、一般のお見合いパーティーもほぼ毎日開催しており、毎晩のように男女の出会いを見ているわけで、北海道内の恋愛事情にかなり詳しい。

さて、気になる札幌市の恋愛事情だが、とにかく女性が積極的だ（とはいっても強引に押し倒す、ということはないのだが……）。例えば、街コンの参加状況を見てみても札幌は募集開始早々、あっという間に女性参加者が殺到する。男女の人数の均衡を保つためにも、女性が増えすぎているときは参加申し込みを一旦ストップしキャンセル待ちとなるのだが、この時も申し込み画面はすでにその状態であった。これが他の都道府県の場合だと、男性が瞬く間に埋まっていく例が多く、一種、異常なくらい「女性が積極的」なのである。

ちょっぴり奥手な男性陣

積極的に自分から街コンに参加する「肉食」の女性に対し、男性はというと……奥手の人が多いようで、街コンが始まってもなかなか声をかけられない。

「街コンは残り30分が一番盛り上がっています。ひと通り打ち解けているのでしょうけれど、一番の理由は〝アルコール〟の力ですね。開始早々はそわそわして同性同士で話していた男性も酔っ払って、本性をあらわすんです（笑）」（工藤社長・談）。

さらに男性にはちょっと配慮が足りない部分もあるとか。「服装に対して、男性はかなり無頓着です。寝間着とはいいませんが、合コンということを全然意識した格好じゃないですね。日曜日のお父さんみたいな参加者が多いです（笑）」

奥手で服も地味な札幌男子。街コンに来ても楽しめないんじゃ？

「街コンが始まってしばらくは壁に張り付いて（笑）女性から話しかけてくれるのを待っています。基本的に自分に自信がなく、身の丈を分かっているようなのでモデルのような美女や派手なギャルには到底話しかけられない。そのくせプライドは高いので、〝本当は来るつもりじゃなかったけれど、友だちに誘われたから仕方なく〟という変な（笑）いい訳をしていますよ」。

草食系の札幌男子と肉食系の女子。片一方だけではいびつでも両者がそろうと意外にバランスが取れている。そんな気もしてきた……。とはいっても男性にも好みはあるはずだ。最後に男性のアプローチを成功させるコツを聞くと〝チーム力〟が最も大切だという。「一人で女性にアプローチするのではなく、チームを組んで役割分担をすることが大切なポイントです。また、特定のグループで長居せず、できるだけたくさんの女性と話すことも重要ですね」

『エゾコンＭＡＸ』は、現在では最大1万人が参加する人気イベントに成長しており、当日は専門のバスが走るほど。今後は農家に嫁を呼びこむイベントも企画中だという（２０１３年８月末現在）。こうした機会をうまく掴んで草食系の札幌男子も恋愛を実らせてほしいものだ。

※　※　※

なお、『エゾコンＭＡＸ』はその後も順調に続いており、２０１８年時点で開催22回、参加人数は５万人を突破したと発表されている。ただ、２０１９年は予告があったにも関わらずまだ開かれていない模様。

札幌男性の特徴

開拓精神の強そうな土地だが、意外に依存心が強い
甘えん坊タイプで、母性愛をくすぐる
女性の押しに弱い
気さくで飲むのが好き
出世欲がない
いわれた以上のことはやらない公務員体質
恋愛では消極的な草食系
浮気っぽいところがある
結婚後はマイホームパパ
子供をすごくかわいがる

※独自調査より

札幌女性の特徴

明るくてハキハキしている
男女平等意識が高い
仕事では意見をハッキリいう
流行に敏感で新しもの好き
煙草も酒も男並み
結婚後も働く人が多い
ズバズバ物をいうが裏表はない
気さくで愛嬌がいい
恋愛には積極的で自分から告白
グルメで特にスイーツに目がない

※独自調査より

札幌女性のファッションはバランス派。ただ、派手過ぎず地味すぎずは「ウケ」が良いわけで、これも肉食系の証ともいえるのかも

地域の「人種的」特徴は代々受け継がれる。札幌では小学校から「女子支配」が続き、男子は口をつぐむ生活を強いられるのだ

離婚率ワーストから脱出！札幌に何が起きた？

離婚率が下がったその背景にあるものは

北海道は離婚率が高く、毎年、沖縄や大阪とワースト1位の座を争っている。だが、平成29年人口動態調査（厚生労働省）の調査を見ると、大きな変化があった。1000人当たりの離婚件数について、沖縄県（2・44）、宮崎県（1・97）、大阪府（1・96）に続き北海道は4位（1・92）。数値としては依然として高いものの、北海道の離婚率がワースト3から「陥落」したのだ。ただ、札幌市の離婚率は2・04と、北海道全体の数値と比べると高い。

札幌の離婚率が高い理由とその背景にあるもので一般的にいわれているのが「女性のたくましさ」である。札幌の女性は自立心が高く、恋愛をリードするのも、別れを切り出すのも女性、といった具合だ。そして、こうした気風を育んだ土壌として、北海道の開拓の歴史で男女の共同作業が当たり前だったこともある。北海道では男女の平等意識が高く、「家」「格式」といった概念も薄い。結果として、札幌の女性は物おじせずに思ったことをいい、家のしがらみに囚われることなく三行半を平気で突きつけることができるのだ。

そんな強いはずの札幌女性が、「離婚をするのは得策ではない」と、何か離婚をためらうような出来事があったのか。市内で取材を通してリサーチを行ったが、はっきりとした答えは見つからなかった。だが、糸口に繋がりそうな回答として、「女性が離婚しようと思ったら、お金が必要。女性が一人で自立して、やっていけるだけの賃金が得られなくなったのでは」という現実的なご意見があった。離婚率が下がった理由を、その視点から掘り下げてみる。

お金がないから我慢？　離婚の主導権も女性側

ようやく解消されたが、北海道は長らく、フルタイムで働いても最低賃金が

都道府県別離婚率ワースト5

順位	都道府県	離婚率
1	沖縄	2.44
2	宮崎	1.97
3	大阪	1.96
4	北海道	1.92
5	福岡	1.90

厚生労働省「平成29年（2017）人口動態統計（確定数）の概況」より

生活保護水準を下回る「逆転現象」が起きていた。本州と比べて家賃が比較的低い札幌市とはいえ、女性が一人で自立してやっていくには大きな経済的苦労が伴う状況だったのだ。しかも、それは運良く仕事にありつけた場合の話で、長年ブランクのある主婦を雇い入れてくれる企業があるかどうかも分からない。「離婚したい」と思っていても、経済的事情により女性が離婚の一歩手前で我慢している可能性がある。

なお、取材の中で「離婚を切り出すのは、必ず女性側」というお話も聞いた。札幌男性は気が優しくてのんびりしている反面、一家の大黒柱としては少々頼りないタイプが多く、生活費のやりくりに四苦八苦している妻に対して「銀行に行けば、お金があるだろう」と他人事のようにつぶやく。ひどい場合は、パチンコや競馬に生活費を使ってしまう人も。家の経済状況を見て見ぬふりをする夫に激怒した札幌女性はさっさと見切りをつけてしまう。合理的に判断して離婚するので、離婚後もクヨクヨせずにケロッとしている。札幌女性はバツイチもなんのその。バツニ、バツサンもゴロゴロいる、というのだから驚きである。

合理的でサバサバしている札幌女性が離婚をためらう原因があるとすれば、やはり離婚にからむお金と、その後の経済的自立の是非が関わってくる。慰謝料や子供の養育費を請求したくても、夫に甲斐性がないケースが多い。親権を取って養育費で育てようとしても、支払いを途中で放棄してしまう男性もいる。

札幌市には母子家庭を支える児童扶養手当やさまざまな補助金や優遇制度が用意されているが、子育てと仕事を両立させるために多大な努力が必要なのは目に見えている。再就職したくても、大学を卒業したての新卒でさえ就職先がない状況では、ブランクのある主婦が正社員になって十分な生活費を手にするのは夢のまた夢である。現実的には、子供を保育所に預けて、パートを掛け持ちしてギリギリの生活をしなければならない。そんな苦労をするくらいなら、多少不満があっても今のまま我慢した方がいい、という女性もいる。「お金があれば、今すぐ離婚してやるのに」と、内心、夫の前で考えている女性はかなりいるのではないだろうか。

しかし、「金の切れ目が縁の切れ目」ではあまりに哀しい。震災以降、家族の絆の再確認をしたように、東北６県の離婚率が大幅に低下した事例があった。たとえ頼りなくて不満一杯の夫であっても、一度は、好きになって結婚した相手のはずだ。すぐに見切りをつけず、家族の絆を見直してみれば、相手の良い面が見えてくることもある。このたびの札幌の離婚率の低下も、東北と同じように「絆」を大切にするようになったのだと、できれば思いたい。

仲が良さそうに見えるカップル。離婚前は、熱々だったカップルもたくさんいただろう

札幌市の出生率は全国平均に比べての低調。これも離婚率の高さと関係があるだろう。やっぱり母子(父子)家庭は厳しいからね

全国屈指のスポーツ音痴
子供の体力が最低レベル!?

引きこもり？　体を動かす暇がない

北海道とスポーツ。この両者は微妙な関係にある。1972年に札幌にて冬季オリンピックが開催され、ウインタースポーツでは数多くの選手を輩出しており、「さすが!!　雪国」という反面、文部科学省が行った2012年度の全国体力・運動能力、生活習慣等調査の結果では、小中ともに全国平均を大きく下回り、中2女子は4回連続で都道府県最下位となった。

ただ、この体力テストというものが実際にどういった内容なのか？　という点も踏まえて納得していただきたいので、もう少し深く考察しよう。

まず、どういった項目から体力を測定しているのか？　次頁に都道府県に小・

全国体力・運動能力・生活習慣調査都道府県別ワースト10

順位	小学生		中学生	
	男	女	男	女
1	愛知県	神奈川県	神奈川県	神奈川県
2	大阪府	愛知県	愛知県	京都府
3	神奈川県	兵庫県	兵庫県	長野県
4	山口県	大阪府	鹿児島県	福井県
5	兵庫県	京都府	北海道	高知県
6	鹿児島県	沖縄県	東京都	青森県
7	京都府	山口県	大阪府	和歌山県
8	群馬県	北海道	香川県	茨城県
9	北海道	滋賀県	沖縄県	鹿児島県
10	栃木県	鹿児島県	愛媛県	栃木県

文部科学省「平成30年度全国体力・運動能力、運動習慣等調査結果」より作成　※体力合計点のランキング

中学校のワースト10の表（2018年）を男女別に掲載させてもらったが、これは小学生で8つ、中学生が9つの種目で体力測定を行い、それをもとに全生徒の平均点を算出、さらに都道府県ごとに平均値を計算し、ランキングにしたものだ。

結果は前述の通りよろしく無い。小中の男子に関しては、全国平均を大きく下回った。この年はまずまずの成績だったが、中学女子はわりと最下位の常連だったりする。雪国だけに、スコップを持つ機会が多く、それなりの数字になるかと思いきや、あんまり関係がなかった。いい訳をするとしたら「寒い地域だからしょうがねーよ」と、気候を理由に持ち出すのが適当だろう

が、同じく雪国である秋田県、岩手県、新潟県が同テストの上位5位にランクインしており、ちょっと苦しい。

ちなみに東北地方では秋田県が男女共に毎年ランキング上位になっており、「体育」ということよりも「教育」そのものへ県が率先して力を入れている結果と思われる。気候や資質を問うよりは教育問題として捉えるのが正解だろう。

その証拠というわけではないが、北海道の子供はテレビを見ている時間が長く、2013年度の調査では毎日3時間以上テレビを見ている小学生が41・2パーセントと、全国で3位にランクインしている。この統計がゲームも含めてのものなのか、ちょっと不明瞭な部分もあるのだが、冬は家をあまり出ないという習慣からも「外で元気に遊ぶ」というのが北海道ではマイナー行為に属するのかもしれない。

大人並みに疲れている子供

ちょっとオーバーだが、家から出ない北海道の子供たち。彼らの中でも運動習慣がない子を対象に行った「運動をしない理由」というアンケート結果では、小5男子と中2男子がともに「疲れる」が1位に。小5女子は「他にしていることがある」が1位で、「疲れる」が5位。中2女子は「文化部に所属」が1位で、「疲れる」が3位だった。

小学生も中学生も「疲れる」という理由を連発で挙げている。道徳的な考えを無視すれば子供だって遊んだり、勉強すれば疲れるわけで、至極まっとうな意見であるが、昭和の時代に幼少期を過ごした筆者にとっては驚きの回答でもあった。仕事でくたびれたサラリーマンが「疲れる」と漏らすのは普通だが、元気いっぱいで青春を楽しむ世代が「疲れる」というのは、一体どういうわけなのか？　その言葉には現在の子供の複雑な人間関係が垣間見えてくる。そうなのだ。ズバリ疲れの原因は一日中走り回ってクタクタになるような種類の疲れではなく、大人のように擦り切れた「心の疲れ」が大部分を占めている。

学校が終わった後の塾通いやテスト、学校での人間関係、夜遅くまでゲームやネットをして翌日に疲れを持ち越す、など原因はさまざま。さらに中学生になれば、部活も始まることだし、「疲れたー」は札幌の子供たちにとって挨拶感覚で発せられる言葉かもしれない。

頑張らない札幌人は子供の教育にも通ずる？

そんな札幌の子供に対し、豪雪地帯にもかかわらず上位にランクインしている県では、子供たちが雪かきを手伝うなど積極的に家の手伝いをする傾向もあるという。これが結果的に適度な運動になっているのかもしれない。

札幌人は他の地域と比べるとハングリーさが薄く、ハッキリいって頑張らない体質だ。それは、今更どうということもないのだが、まずいのは、子供にもそれが伝染しているのでは？　とアンケート結果から思ってしまう。「頑張らない」のが越冬の渦中で命を守る知恵であることは間違いないが、取材を通してシャカリキな札幌人という印象は極めて薄く、それが子供へ悪影響を与えるのでは……。筆者の思い過ごしならいいが。

交通事故死多発の原因は高齢者の危ない運転!?

道警が本腰入れて高齢免許返納をすすめる

長年、交通事故死全国ワースト1位、2位を毎年愛知県と争ってきた北海道だが、ここ数年、北海道警察が「交通事故死、ワースト1位は返上だぁ!」と気合を入れてきたおかげで、か、かなりの成果が出てきている。10万人あたりの交通事故死者数をみると、全国11位まで「後退」することに成功した(それでもまだ多い方だけど)。

道警が事故死を減らすために目をつけたのが、「高齢者免許返納の推進」だ。それというのも高齢者による前方不注意や操作ミスによる死亡事故が多かったからだ。2013年8月の北海道の交通事故概況(北海道警察調べ)によると、

65歳以上の高齢運転者が25人と最も多く、24・8パーセントを占めていた。死者年齢別でみると、同じく高齢者が50人と49・5パーセントにも上っていたのである。2019年でもこの状況は多少マシになった程度で、たとえば9月期では高齢運転者の死者は33・7パーセントの35人。「おじいちゃん、おばあちゃん、もう運転は危ないから免許返しなさい！」ということなのだ。

道警本部は道内各市町村に高齢者の免許証の自主返納を促進するための協力要請をしているが、車が必要になるシチュエーションの多い北海道ではまだまだ進みが遅い。全国的にみると、2018年の運転免許の自主返納者数は42万1190人で、65歳以上の高齢者は40万6517人と96・5パーセントになっている。全国では高齢者が自主的に免許返納する動きが増加しているが、北海道の返納率は、未だ75歳以上でも4・1パーセント未満と低い（全国40位）。2013年時点では返納率が0・5パーセント未満とひどいものだったので、かなりマシにはなったが、やはりまだまだだ。

「そんなこといわれたって……買い物とか不便だし、ギリギリまで車に乗りたい！」という高齢者が多いのだろうか。免許の返納率が低い理由の根拠を求め

75歳以上都道府県返納率ランキング

順位	トップ5		ワースト5	
1	東京都	8.0	茨城県	3.7
2	大阪府	7.3	高知県	3.7
3	兵庫県	6.2	山梨県	3.7
4	神奈川県	6.2	岐阜県	3.7
5	静岡県	5.9	長野県	4.0
ワースト8位	北海道			4.1
全国平均				5.2

運転免許統計などより作成（2018）

て、札幌のドライバーの意見を集めてみた。

老齢の夫の運転を止める妻

札幌のお年寄りは元気な人が多いせいか、なかなか自分の老いを認めようとしない。西区に住む70代の女性は、「最近、夫の運転が危ないな、と感じて車をやめさせたいんですが『まだ運転できる。あと数年は乗る』といってきかないんです」と困り顔だった。筆者の父も70代だが、そういえばまだ運転免許を返納していない。なお、若いドライバーは「もみじマークの車って、危ないです。急に割り込みしたり、一時停止するところでしなかったりして危ないったらありゃしない」（手稲区在住・20代男性談）と、高齢ドライバーの危なっかしさを指摘している。高齢運転者の事故類型は、正面衝突がほとんどだ。一瞬の不注意で大事故になる。南区藤野に住む67歳の高齢ドライバーは「免許を返すことは考えているけど、不便なところだから足がなくなったら困るんだよね」と、しばらくはまだ返す気はなさそうに答えた。

札幌の中心部に住んでいればバスや地下鉄など、交通手段には事欠かないが、南区の奥や清田区のように公共交通機関があまり進んでいないところでは、車がないと確かに不便だ。そのため、交通事情が悪い場所に住んでいる高齢者ほど、免許を手放したがらない。とはいえ、年のせいで運転不注意のために事故ったら元も子もない。運転免許の更新時講習で教官が「返納しない人に限って、事故を起こすんだよなあ」とぼやいていたけど。判断能力も加齢と共に鈍って、アクセルとブレーキの踏み間違いもありうる。「自分だけは大丈夫！」と思っていても、反射神経が若い頃とは違うと認識していない高齢者は多いようだ。無事故・無違反の模範ドライバーでも、いつかは乗れない時がやってくる。「まだまだモーロクしとらんわ！」という気持ちも分かるが、65歳を過ぎたら、本気で免許返納を考えたほうがよさそうである。

※　※　※

このように、じわじわと対策は進んでいるがまだまだな高齢者の運転問題。一部では、「数は減ったが事態は深刻化」しているようにみえるものもある。２０１８年の統計は、ここまで見てきたとおり、数年前に比べれば高齢者の事故が減少している。だが、実はそれ、意識の高い「若い」高齢者、つまり65〜74歳の高齢者が免許を自主返納したり運転に気を遣って達成されたもので、それ以上の年齢層の「お痛」が目立つようになってきている。なんと、死亡事故では80歳以上、人身事故では75〜79歳が増加傾向だというのだ。

しかも、この上がりっぷりは尋常ではない。75歳未満の高齢者死亡事故件数は、この10年で10万人あたり5・9人から3・5人にまで減少している。これが、80歳以上だと、ピークの19・９人（２００９年）から２０１６年には６・５人にまで減ったのに、ここ2年で10・5人（２０１7年）、12・2人（２０１８年）と倍増。どうやらこの世代にはあぶないドライバーが揃っていそう、というデータになっている。

免許の自主返納がじわじわと進み、全体として状況は好転しているが、この調子では一部の「後期高齢者」の事故は当分続きそうだ。各家庭で、もう強制的に「80歳で終わり！」くらいのプレッシャーをかけるべきかもしれない。

札幌を含む北海道は雪の降る地域だ。ただでさえ車の運転は危ない。市街地から出ると広い道路も多く、飛ばしてしまうことも多いだろう。そうした状況で長年運転をしてきた高齢者ドライバーは、実際経験も技術もあり、だからこそ運転が荒いわけだ。

先ほど、80歳以上は事実上強制的に返納、などといってしまったが、実際に運転が上手い（と思っている）高齢者にそれを決意させるのは容易ではない。むしろ、行政が事故回避セミナーなどを開き、実際に高齢者を危ない目に遭わせて（免許の更新の時やるようなやつ）、実体験として思い知らせるような施策も、今後必要になってくるかもしれない。

最低賃金よりも生活保護費が上 働かないほうが得!?

働かないほうがお得な社会

「働いたら負け、は正しかった」最低賃金で働く札幌の労働者は、生活保護費と最低賃金との逆転現象に触れたニュースを聞くたびに、こんなことを考えているかもしれない。

「働いたら負け」は、もともと、ニートがテレビ番組の特集で発言し、全国に衝撃を与えた言葉だ。当時はどこからも非難轟々で大ひんしゅくを買っていたが、働けども働けども生活保護費にすら届かない賃金で生活している人なら、頷きたくもなるだろう。

2019年度の北海道の最低賃金は時給861円（前年度から26円引き上

札幌市の生活保護費の基準額（概算）

独身者		母子家庭	
20～40歳	111,840	子供0～2歳	183,970
41～59歳	112,720	子供小学生	185,520
60～69歳	112,370	子供中学生	191,160
70歳以上	107,430	子供高校生	181,160

「マネナビ」産出額より作成

げ）。これを1日8時間、月20日間労働にあてはめると13万7760円。札幌市の生活保護受給額は、1人世帯でおよそ11万円前後なので、一時問題になった最低賃金と生活保護費の逆転現象は解消されたようだ。

だが、もっとも生活保護に頼る必然性のある母子（父子）家庭をみると様相は変わってくる。子供の年齢などで金額はかわるが、例えばある程度子供から「手を離せる」小学生ひとりと親ひとりの場合は18万5000円ほど。いわゆる「誰も彼もが逆転現象」からは脱したが、いわゆる「ボリュームゾーン」のひとつである母子家庭では、相変わらずの状況が続いているのである。ちなみに、母子家庭の条件で逆転現象を解消するには、時給は1200円弱は必要になる。

とはいえ、月収13万だ18万だで生活、まして子育てをするのはかなり厳しい。一時に比べてかなり上がったとはいっても、現在の最低賃金では年収約165万円。300万円でビンボーといわれるご時世に、その半分である。この金額で健康保険料や年金、道市民税を支払ったら、冗談抜きで食うや食わず。「国保と年金を払うために働いている」生活になる。

近頃は失業率も下がり、景気はよくなったといわれているが、生活保護を検討しなければならないような世帯からみると相変わらず。しかも、実質賃金は下がっているのだから、要するに最低賃金やそれに近い安い給料で「働けるように」なった人が増えただけという見方もある。その上というか同時に、消費税率のアップ、円高による輸入品の値上がりなど、家計を直撃する要素は多い。

ただでさえ、長年経済的に沈下している札幌だ。年収200万円以下の層を「ワーキングプア」と呼ぶが、この調子がこれからも続くと、母子家庭や若者が努力してもワーキングプアから抜け出せないスパイラルが続くことになる。

以前から懸念されていたが、札幌市は「197万総ワーキングプア」なんてシャレにならない事態を迎えてしまう恐れは、未だに続いているのだ。

キャッシングが日常の光景

若者の車離れ、旅行離れ、モノ離れなど、業界の売上が低迷するたびに各種メディアはいちいち放送し、「最近の若者は物欲がない」と景気の良かった頃を体験した世代は首をかしげる。最低賃金で働くワーキングプア層にとってはいずれも贅沢な嗜好品ばかりで、身の丈に合った生活をしている結果だが、札幌市に限っていえば少々様子が異なる。

金銭に関する札幌人の感覚は二極化しており、「もったいないからできるだけ歩く」と交通費までケチる層と、「お財布にお金なくなったから、キャッシングしてくる〜！」とカードで自転車操業生活を送る金銭感覚ゼロ層とに分かれている。前者はスーパーのチラシで10円でも安い方に足を運び、後者は足りなくなったお金をカードでおろしながら暮らしている。

金銭感覚ゼロ層がカードで繰り返し物を買うことを覚えてしまうと、次第に本人もいくら借りているか分からない状況に。支払いをするためにサラ金に手を出す頃には、破産の道まっしぐらに……。「なんとかなるっしょ」というのんきな札幌人の気質がマイナスに働き、何とかならなかった例といえる。

このような例は、本人の自業自得といえるが、就職難と非正規雇用増加の影響で新型の破産スタイルが登場した。学生時代に借りた奨学金の返済を滞納し、出世払いにするつもりが職にありつけず、支払えなくて自己破産に至った、というケースが増えているのだ。札幌でも、奨学金の返済が困難で裁判になった事例が何件か出てきている。日本の奨学金は有利子の貸与型がほとんどで、どちらかといえば「学資ローン」という言葉の方がしっくりくる制度だ。支払えない場合、容赦なく利子付きで督促がくる。

生活苦から逃れるために奨学金で大学を卒業した後、就職できなくて人生設計が狂ってしまった若者もいるだろう。外国人留学生には返済義務のない奨学金が支給されているのに、日本人学生が全額返済義務を負っていることに理不尽さを感じないでもない。いずれにせよ、自己破産をすることで借金地獄から

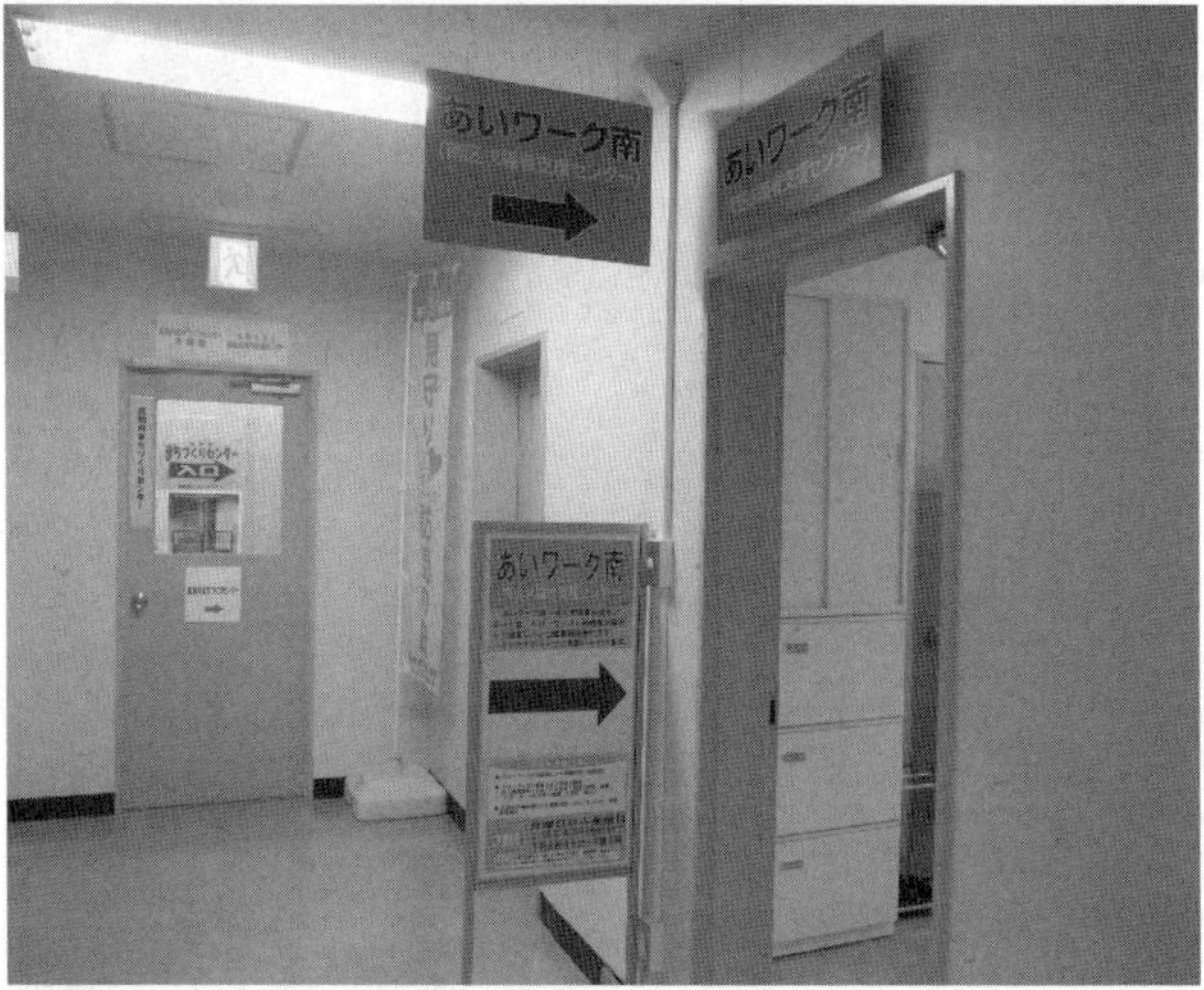

区民センター内にある職業相談窓口、あいワーク。市民にとって身近な求職支援所になっている

は逃れられるが、そこから生活を再建するのは容易なことではない。

　ただし「じゃあ、上京して働こう」といった展開にもならないのが札幌人の特徴。こうした状況が結果的にぬるま湯的な効果を生んでいるようにも思えるのだが……。

北海道の妙な風習が最近露骨に激減中!?

北海道独自の習慣が薄れつつある？

北海道では大晦日におせちを食べる独自の習慣があるが、近年、若い層を中心に年末の過ごし方に変化が起きている。無事に過ごし終えた一年をたたえ、年末に家族揃って豪華なおせちをつまみつつ、紅白歌合戦に見入るのが毎年の楽しみだったはずが、銘々に家族バラバラで好きなように過ごす家庭が増えている。たとえば、中央区在住の3人家族では、「お父さんはキタラへ札響のコンサートを聴きに、お母さんは女友だちと温泉に、息子は年末のバイトで大忙し。大晦日におせちどころか、宅配のピザとパック寿司を買って終わり」なんて、それぞれが好きな様に過ごしている。

ふる〜い習慣を大切にする家庭なら、大晦日におせちを食べ、午前0時になる前に年越しそばを食べ、除夜の鐘を聞きながら新年の実感を得るが、最近の札幌の家庭ではお互いを束縛せずに個人のやりたいことが優先。個人主義の札幌人らしさが現れているのかもしれない。なお、おせちの風習はもともと江戸時代に始まり、東北地方で「大晦日におせちを食べる」習慣ができた。その風習がそのまま東北から北海道に伝わって定着したのだが、江戸時代後期を過ぎると、江戸では大晦日におせちを食べずに年越しそばを食べるようになる。北海道には多くの項目で独自の文化が育っているが、おせちに関しては江戸時代本来の風習が残った、といえるだろう。

また、一説によると、太陽暦が採用される前の「太陰暦」では、太陽が沈むのを待って一日の始まりとしていたため、大晦日の夜は太陰暦では「年始」になっている。この考え方でいけば、大晦日におせちを食べるのは正しい。

余談だが、北海道の女性が道外の人と結婚した場合、嫁ぎ先で風習の違いを指摘されて、姑と「正月におせち」VS「大晦日におせち」で対立することも。新年を迎えるおせちで、嫁姑のバトルでは縁起が悪い。各家庭の事なので出過ぎた話は控えたいが、穏便に新年を迎えてほしいものである。

ほかにもある変わった習慣

さて、北海道人にとっては普通だが、全国レベルでは「変わっている」習慣はほかにもある。都会生活研究プロジェクト刊行の「北海道ルール」によると、結婚式の披露宴が会費制であることや、秋に行われる「観楓会」が北海道独自のものであると指摘している。

観楓会は「紅葉した楓を愛でる」意味があるが、実際は会社の慰労会や飲み会の口実としてよく使われているのだ。求人広告の福利厚生欄のPRに「観楓会あり」と書かれていることも珍しくない。町内会の慰労としても取り入れられており、名前が似ているせいで同一と考えられてしまう本州の「紅葉狩り」とは違い、観楓会は社会的な行事として北海道に根付いているのだ。観楓会の時期は、紅葉が始まる9月から10月に開催される。しかし、景気が悪くなるにつれて、観楓会を主催する企業は次第に減ってきた。定山渓温泉などに一泊二

昼間の二条市場。お昼頃のため人は少なめ。外国人観光客がテーブルに座って食事をしていた

日で景気よく毎年観楓会を催している町内会もあったが、それも廃れてきた。不景気だけではなく、飲み会がめんどくさい若者が増えており、給料の安い札幌人としては「観楓会なんて、お金かかるし飲みにつきあうのも疲れるし、もういーよ」となりつつあるのだろう。

「北海道の変わっている習慣」も、自己中心主義でドライな考え方が進んだ札幌では、崩壊してしまうのか。観楓会はともかく、おせちくらいは家族一緒に食べるほうがいいのにね。

札幌市コラム 2

香典だって領収書出します

某テレビのバラエティ番組などで、すでに有名になっている通り、札幌市民の結婚式は会費制だし、香典に領収書が出る。「その方がお互いに便利だし、めんどくさくないから」という意識が根底にある。さらに、この番組で全国では大晦日におせちを食べないと初めて知った札幌っ子は多い。

札幌では新年よりも大晦日にワイワイ楽しみ、豪勢な食事で一年を締めくくる。おせちを作って「今年は何事もなかったね」と家族でテレビを観ながら食べるのが当たり前なのである。それでは元旦は一体どうするのかというと、おせちの余り物とモチを焼いてお雑煮を食べるのだ。おそらく「作ってすぐ食べた方がおいしいし、元旦まで我慢する必要はない」という札幌的合理性に基づいた習慣だろう。

また、札幌ではデパートや駅のエスカレーターは右側をあける習慣になって

おり、急ぐ人は右側を使用する（東京は同じ右あけ、逆に大阪では左あけが一般的、エスカレーターに乗るときは止まっていないと怒られる地域も）。右利きの人が手すりに手をかけながら歩くため合理的に右側をあけるようになったと思われる。

ちなみに札幌の七夕は7月7日ではなく、8月7日である。旧暦を使用しているから、という説もあるが、単に「7月の夜は肌寒いから」という理由で8月に七夕を行うようになった気がしてならない。札幌では日中が暖かい日でも夜間が冷え込むことが多い。暦の上では夏でも、札幌の7月の夜は涼しく、2000年~2010年までの7月の過去最低気温は11・4~15・4度の間である。「どうせなら、あったかい時にやればいいじゃん」というノリで札幌の七夕は8月になったのでは……と推測する。

これ以外にも、北海道特有の風習は多い。もっとも目立つのは火葬の順番。東北地方ではもともと火葬↓お通夜↓葬儀の順番で葬式をおこなう風習があるのだが、東北地方からの移住者が多い札幌でも、この順番がとられることはある。が、札幌の場合は様々な地域から人がやってきた場所なので、他地域のようにお通夜↓葬儀↓火葬でいく場合も。また、根室ではお通夜↓火葬↓葬儀という順番があったり、通夜が2回あったりする。当然、根室からやって来た人も多いわけで、札幌の葬儀社は、様々なパターンの葬式に対応できなければならないのだ。

ちなみに、火葬を先に行う「前火葬」は、雪が多い地域では、参列者がなかなか来られない場合が多いため、遺体が痛まないように行われるようになった風習である。

第3章

分区や合併でゴッタゴタ！今も残る各区の思惑とは

中産階級が一番多いのんびり豊平区

ザ・平凡　南北線南に住む人々

札幌全体の街と人の姿に続き、ここからは市内各区の特徴と話題をみていこう。中央区は街の中心部だけに、その話題はすでにかなり取り扱ってしまったので、ここではそれ以外の地域に限定する。まずは豊平区だ。

豊平区のイメージを札幌市民に尋ねると「いいとこだよね」という言葉が出てくる。具体的にどこがいいのかを再度、尋ねてみると「なんとなく……」とかボンヤリした答えしか返ってこない。ムリヤリ特徴を探してみるも……平岸のリンゴ？　西岡水源地の心霊スポット？　どれもちょっとインパクトに欠ける。この様子から分かるように豊平区はすごーく平凡なエリアなのだ。札幌のメイン路線ともいえる地下鉄南北線の南側に位置し、平凡なファミリーがフツーに暮らしている。金持ちもいないし、逆にビンボー人もいない。毎日、お父さんたちは地下鉄から駅が遠くても早起きしてバス通勤に精を出す。学校も多く、子供たちの遊ぶ姿もよく見る。そんな豊平区は明治初期から入植が始まったのだが、人々は主に畑作農業で生活を営み、平岸ではリンゴ園が広がった。豊平橋付近で一部市街化したものの結局それほど発展はせず今日に至る。1997年に清田が分区されるまで、かなり広い地域であったのだが、南北に広がる細長い形をしているため、豊平川を挟んで中央区と隣接し、少し車で走れば白石区の白石に、反対側に走れば南区の澄川になる。そのため歓楽街として栄えている地域が近く、豊平区自体が派手に栄えているという印象は薄い。

このように豊平区は昔から続く、きわめてのんびりとした住宅街である。ここ数年の大きな出来事といえば、2001年の札幌ドームの完成だろうか。のんびりしていた住民たちが、札幌を代表する施設が完成したことで、意識が刺激され、にわか日本ハムファンが豊平区に急増した。清田区をつなぐバス停留所としてしか知られていなかった地下鉄東豊線福住駅も、リニューアルされ飛

札幌市の区別犯罪発生状況（2018年）

	窃盗犯	凶悪犯	粗暴犯	知能犯	風俗犯	その他
中央区	1369	6	275	111	32	257
北区	850	5	132	55	29	182
東区	780	5	105	34	37	158
白石区	640	8	83	30	43	188
豊平区	515	5	89	22	42	193
南区	207	2	36	13	15	52
西区	467	4	53	16	14	125
厚別区	344	0	60	12	8	65
手稲区	262	1	51	13	18	79
清田区	197	1	24	22	17	37

札幌市サイトより作成　※色を塗った部分は前年より増加した項目

躍的に発展し、さらなる住民も増えた。

ただ、こんなのんびりした住宅街が今、危機にさらされている。なんと古い住宅が密集している西岡地域などでドロボー被害が急増しているというのだ。子供が独立し、老夫婦だけの家も多く、老朽化した家はセキュリティもあまく狙いやすい格好の餌食となっている。

上の表を見ていただきたい。中央区、豊平区、厚別区で窃盗犯が増加している、このうち「忍込み」タイプのドロボー被害が圧倒的に多いのが豊平区なのだ。やはりのんびりした人たちが多いのだろうか、夜中に忍び込まれても気づかないことの方が多いらしい。碁盤の目状に整然と並んだある地域では、たった数週間のうちに次々と狙われた。今日はお向かい、一昨日は後ろの家、その前は斜め向かいのお宅……、といった感じだ。なんとも物騒な話だが、このののんびりとした性格の人種が多く住む地域は、ドロボーとしても狙いやすい地域なのであろう。

これからどうなる豊平区⁉　新しい家族に期待！

福住をはじめ、新しい家族の入居も増えてきている。豊平などは中心部からも近く治安も良いため一人暮らしの若者も多い。このまま豊平区の老朽化が進む前に、新しい人たちにどんどん入居してきてもらい活性化してほしい、それが豊平区民の願いだ。それと同時に変わってほしくない。この静かで安全な（忍込み被害があっても）地域性を保ち続けていきたい。それも住民たちの願いだ。

昭和の香りが残る北区 このままでは寂れる一方

第2のすすきの・北24条は今やみすぼらしい

なんだか札幌で異質な空気を放つのが北24条駅周辺だろう。この地域に来ると、時代がちょっと違うのか、雰囲気が異なる。ゴチャゴチャとした通り、建ち並ぶ古い建物、飲み屋やキャバクラの看板が街を彩り、老人や学生がわらわらと歩いている街。すすきの以外で風俗街が栄えた唯一の地域として「第2のすすきの」と呼ばれる北24条。この雑多な雰囲気を好む若者たちは多く、学生やサラリーマン、特に男性がこの地に住むことが多い。彼ら若者はこの地域を「にーよん」と呼ぶ。北24条の歴史は戦後、引揚者用の住宅が建てられたころから始まる。1952年に中心部までの市電が走るようになると急速に人口が増え、市電を待つ人々で行列が出来たそうである。1971年に地下鉄南北線が完成し北24条駅が出来るまで、この中心部から遠く離れた（地下鉄を使えば10分足らずだが）地域に住む人々は独自のコミュニティーを形成した。これが北24条の独自性が生まれた所以であろう。

その当時から居ついた人々だろうか、北24条には結果ご年配と思われる方がとても多い。もちろん、若い家族もいるが、北24条駅を歩くご老人の数はかなり圧倒的だ。イメージでしかないが、北24条に住むご老人の方は意思がハッキリしているような印象を受ける。たてついたら怒られそうな気さえしてくる。古いのに強気な雰囲気を受ける北24条という地で生きてきた人々の気質が出ているのだ。そしてこの雰囲気を気に入り、住み着くのが若者たちだ。若者が多く住む街の証拠としてスープカレー店が多い（札幌でスープカレーはちょっとヤングな位置にある）。場所は離れているが北24条周辺に店舗が集まっている。若者たちの新しいコミュニティも、またここで生まれているのだ。

逆に寂れていくのが、北24条の特徴であった「第2のすすきの」の象徴、歓楽街である。風俗ビルは今でも現存するが、老朽化が激しく、空きテナントも

札幌市民アンケート調査

Q　あなたは何区がビンボーだと思いますか？

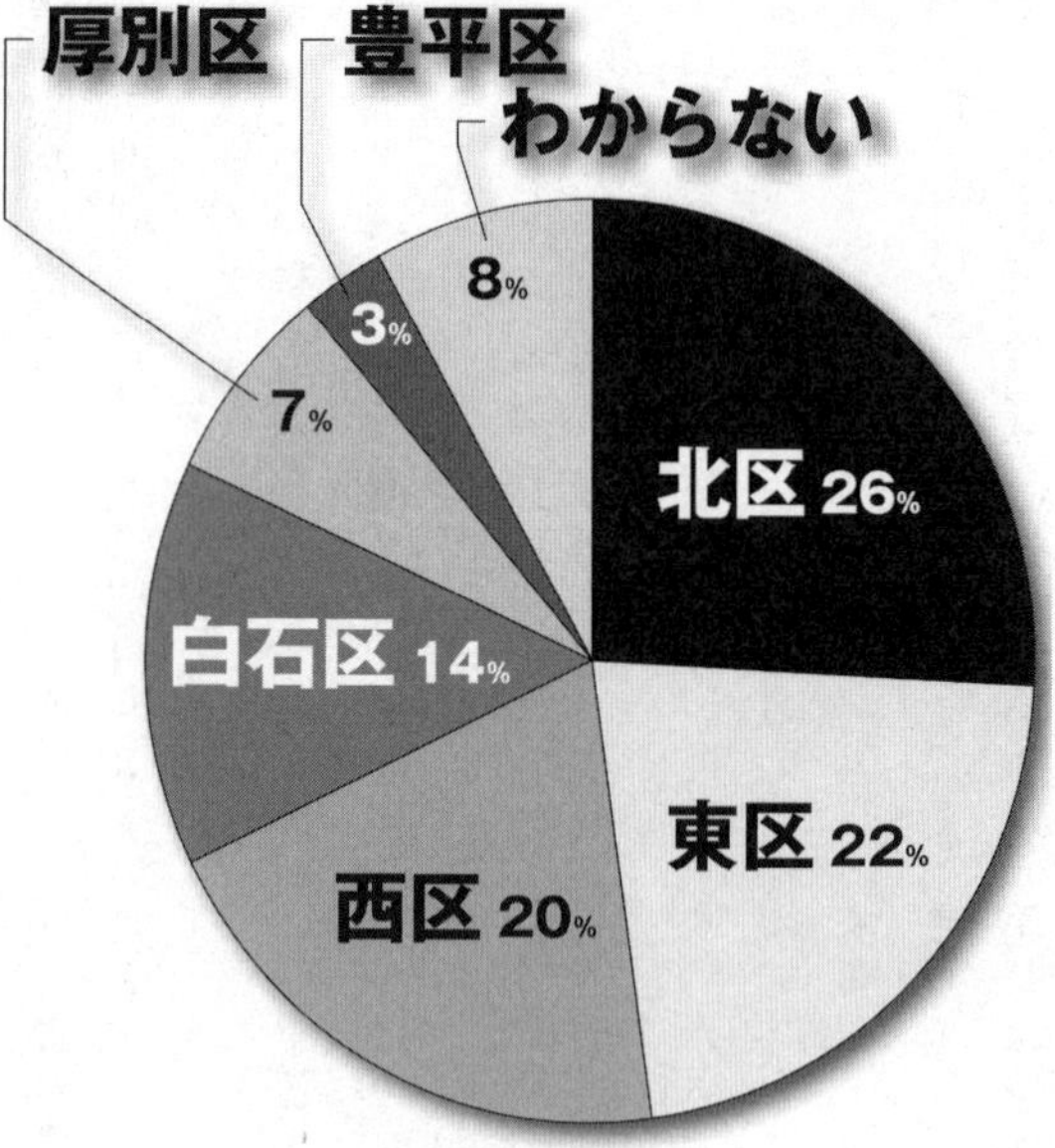

※20〜50代札幌在住の男女100人に調査

・**「北区」と答えた人**
「古い建物が多いから」「そういう噂を聞いたことがあるから」
「学生が多いから」
・**「わからない」と答えた人**
「中央区以外は金持ちはいないと思うから」
「あまり区によって差はないと思うから」

多い。以前は多かった飲み屋もネオン看板が1日中消えているところもある。「第2のすすきの」と聞いて、思わず盛り上がった出張サラリーマンたちはその規模の小ささにガッカリ肩を落とす。北24条という雰囲気が好きでも、今の若者はそうそう風俗も飲み屋にも行かないのだ。

北区はビンボー　それは建物が古いから？

「札幌で一番ビンボーだと思う地域は？」という質問をすると、意見は人それぞれだ。ただなぜか「北区」「東区」「西区」は圧倒的に名前が挙がる。北区に関してはなんとなく理由が分かる。建物が古いからだろう。中央区に隣接し、北大もあり、企業も多い。よく考えれば北区がそんなにビンボーとは思えないのに、そんなイメージが出てしまうのはどうしても北24条周辺の雑多な古さが原因ではないのか、と思うのだ。そしてまた住民はその雰囲気が好きで暮らしているのだからなかなかイメージ払拭は図れないことだろう。

このままでいいの？　変わる努力を

この街の雰囲気を愛する若者も、就職をし、家族を持てば、だんだんと考え方が変化し、もう少し飲み屋も風俗店もない地域に引っ越したいと思うことだろう。北24条の問題はこれから長く住みついてくれる人々をいかに増やせるかだ。札幌市民は結局キレイ好きだったり、新しい建物が好きだったりする。

北24条は発展しないまま独自性を持ちすぎてしまったのかもしれない。いまでも共同住宅のような団地が多く建てられているが、彼らもまたいつか一軒家を建ててこの地を離れたいと思うだろう。今こそ話し合うべきときが来たのではないだろうか？

若者と老人が手をとりあって、新しい北24条周辺を作りだす努力をするべき時期を迎えている。そうしないと近い将来は他の地域の人が近づけないようなゴーストタウンと化すかもしれない。

確かに街並みもビンボーくさいというか、良くも悪くも庶民的なのが北区。まあ、ある程度は栄えている感じもあるからいいんだけど

ボロさが際立つのが駅などのインフラ設備。大規模な改装が続く中央区から帰ってくると、ふと侘しい気持ちになることも

排ガスまみれの環状通東

ひたすら地味な東区　家賃は安くても……

札幌市東区の特徴は何か、と問われても「う〜ん、つど〜むとモエレ沼公園？」としか思い浮かばないほど、これといって目立つもののないエリアである。つど〜むこと、札幌コミュニティドームはスポーツ、コンサートにフリーマーケットを行う場所として有名だが、他区の人間はイベントがない限りまず思い出すことはない。モエレ沼公園は彫刻家であるイサム・ノグチが基本設計をしたことで一躍有名になり、約270万トンものゴミを埋め立てた上に公園を作り、2005年にグランドオープンした。公園全体がアートという、ダイナミックな景観のなか、プレイマウンテンではラジコングライダーを飛ばす人の姿が絶えない。

東区はもともと、1955年（昭和30年）に札幌村の区域を引き継いで札幌市に合併され、札幌市が政令指定都市になった1972年（昭和47年）に東区となった。地下鉄東豊線が走り、地下鉄沿線に住む分にはアクセスも良い。

だが、高速道路があるため、札樽自動車道高架下では自動車の騒音が絶えず、排ガスもひどい。また、丘珠空港があるため、しょっちゅう飛行機の騒音にも悩まされる。住環境は決していいとはいえない。そのためか東区は全体的に家賃が安い。札幌市内でシングル向けの家賃の安い物件を探そうとすると、礼金ゼロ物件が圧倒的に多い東区の賃貸に目がいくだろう。だが、心ある札幌人は札幌へ移住を検討しているニューカマーに東区の居住エリアについて尋ねられた場合、大体このように答える。「東区は……家賃は安いけれども、何もないしお勧め出来ないな」。

なお、東区の特産はタマネギであるため、車で東区内を走ると、だだっぴろいタマネギ畑が広がっているばかりである。東豊線環状通東駅周辺も、大昔は一面のタマネギ畑だったそうだ。東区のなかでも環状通東は特に家賃が安いエリアのため、懐に余裕のない一人暮らしの若者に人気がある。家賃の相場は駅から徒歩10分のワンルームで2・76万円程度、大通地区で同条件だと4・63万円であり、格段に安い。

だが、前述のように生活環境があまり良くないことと、比較的治安が悪いエリアでもありカップルが将来の家族計画を描くには夢のない場所だ。だから、結婚を機により良いエリアへ引っ越す人が多い。賃貸アパートが多く、入れ替わりも激しいため地域モラルが悪いという話も聞く。

ある東区民は若者のゴミ出しマナーの悪さについて語り、丹精込めて作った家庭菜園の野菜が収穫時期に盗まれてしまったと嘆いている。犬を散歩させている飼い主が犬のフンを始末せずに放置していることも多々あるらしい。個人主義傾向が高い札幌だが、東区では居住者の入れ替わりが激しいため地域に根を張ることがなく、ますます個人主義的な側面が強まっているのかもしれない。

ただ、家賃が安くてアクセスも良く、そこそこ飲食店もあるので、シングルの一人暮らしには便利である。若い男性の一人暮らしなら、住めば都で快適に暮らしているようだ。

東区民が隠しておきたい暗い事件

また、東区は市内で「貧民が多い地区」というレッテルを貼られており、中学高校も荒れ、生活保護世帯が多く、「東区へ引っ越せば生活保護が受けられる」という噂まで流れている。良識ある東区民にとっては実に不愉快だが、実は過去にこのレッテルを否定出来ないような暗い事件がある。

それは、2002年の西友元町店偽装事件だ。東区の西友元町店においてアメリカ産牛肉を国産牛と偽って販売したことが発覚し、西友側はお詫びに購入者にレシートなしでも返金に応じる対応をした。当初は主婦らが返金を求めて西友に並んでいたが、このことがニュースになり、噂を聞きつけて、あきらかに購入者とは思われない若者や暴力団関係者がやってきた。そして最終的に、西友側の返金額は牛肉の年間販売額の3倍以上に達し、弱みにつけこんで虚偽の申告をした人間がほとんどだということが明らかになり、そのハイエナのように浅ましい様子に多くの札幌市民は呆れ果てた。

後日、返金を受けようとしたのは東区民だけではないと分かったが、この事

駅前の様子。これといって派手な感じもなく、でも必要なスーパーや施設が揃っているのが便利

件が大騒ぎになってしまい、東区のイメージが著しく損なわれてしまったのである。そして全国的にこの事件が報道されたため、東区民にとっても札幌市民にとっても不名誉極まりない痛ましい記憶となっている。「貧すれば鈍する」、ということわざがあるが、これも札幌市民の所得の低さがなせる業なのだろうか。

白石区は本当に治安が悪いのか？

犯罪率が高いのは白石区ではなく、実は……

白石区は人口約21万人、地元の商店約180店舗が加盟する本郷通商店街が個性的な店を連ねて帯状に並び、ぶらぶら歩きながら買い物を楽しめる。YOSAKOIソーラン祭りの会場にもなっており、白石区は地元に密着した、人情味ある活発な気風のようだ。

反面、白石区には「犯罪の発生率が高い」というイメージがある。白石区は単身者向けのマンションが多く、一人暮らしの男性が多いのだが、暴力団関係者や暴走族がたむろする地域としても噂されている。2005年には小学生の襲撃予告をインターネットに書き込む事件が起き、集団下校になる騒ぎに発展

札幌市と主な都市の犯罪件数と発生率

札幌市			札幌市以外の都市		
	犯罪総数	犯罪発生率		犯罪総数	犯罪発生率
中央区	2,650	1.09	東京都足立区	5,230	0.76
北区	1,960	0.68	大阪府大阪市	45,015	1.65
東区	1,552	0.59	神奈川県横浜市	17,464	0.47
白石区	1,221	0.58	愛知県名古屋市	22,514	0.97
厚別区	645	0.51	福岡県福岡市	14,916	0.94
手稲区	665	0.47	兵庫県神戸市	13,407	0.88
豊平区	1,127	0.51	京都府京都市	16,821	1.15
西区	976	0.45	埼玉県さいたま市	10,560	0.81
清田区	456	0.40	千葉県千葉市	8,391	0.86
南区	465	0.34	広島県広島市	6,859	0.57
札幌市全体	11,717	0.60	全国	817,338	0.65

※犯罪発生率は 100 人あたりで計算　※北海道警察ホームページ　北海道の犯罪状況、ほかより
※札幌市は 2018 年、その他は 2009 年のデータより引用

した。こうしたことから「危ない地域」という認識が強く印象付いた。また、生活保護世帯の比率が高く、白石区の生活保護世帯が2016年度で8648、生活保護率では全区中トップの8・2パーセントとなっている。この生活保護率の高さも治安が悪い（直接は関係ないけど）イメージの定着に一役買っている。

白石区南郷通に住むある札幌女性によると、昔の白石区はマナーが悪く、ゴミ捨て場が散乱し、真夜中に暴走族が爆音を出して走り回っていたという。が、最近ではゴミ捨て場もきれいだし、暴走族もめっきり減った。ただ、夜間の治安はやはりよろしくないため、見回りにパトカーが頻繁に走っている。本当に犯罪多発地域かといえば、札幌の犯罪発生率を見ても特別犯罪率が高いわけではない。100人あたりの犯罪発生率（北海道警察ホームページより・2018年）が最も高いのは中央区で1・09、白石区は全区中4番目で0・58と、他区と比べ群を抜いているわけではない。

他の大都市の犯罪率を参考までに並べてみると、東京都足立区0・76、大阪市1・65、名古屋市0・97であり、白石区の犯罪発生率は全国的に見てもごく平均的な数値である。とかく治安が悪い、というイメージが先行しがちな白石区だが、白石区民にいわせると、住んでいてそれほど治安が悪いと感じることはない（マナーはやっぱり悪いけど）。住人にとってはスーパーも病院も商店街もある住みやすい街なのだ。

白石区民に治安が悪いのかと尋ねると、眉をひそめて「どっちかっていうと、東区の方が悪いんじゃない？　たまに変質者がわくけど、それはどこの区だって同じでしょう？」と対抗馬として東区を挙げる。しかし2019年の札幌市の犯罪発生率の具体的な数値を基にすると、すすきのを抱える中央区がダントツ1位で、2位は意外にも北区。少ないわけではないが、平均的な犯罪率で、無用な夜歩きをせずに気をつけて暮らす限り、安全な街ではないだろうか。

琴似ですべてことたりる西区民のライフスタイル

西区民の台所　琴似だけあれば満足

札幌の歴史は開拓史がやってきた明治時代から始まったように思われているが、琴似は開拓使によって「琴似」と任命される以前から実は開拓されていた。1857年（安政4年）頃に徳川幕府から20名ほどの武士と従者が現在の琴似付近に移住し、地道に開拓を進めていたのだ。

その後、屯田兵が1875年（明治8年）北海道で初めて琴似へ入地し、198戸（のち208戸に）の琴似屯田兵村を建設した。この村は国から史跡の指定を受け、現在「琴似屯田兵村兵屋跡」として琴似に残されている。なお、札幌市は碁盤の目状の都市区画だが、琴似地区は屯田兵村だった頃の区画を利

琴似駅周辺 MAP

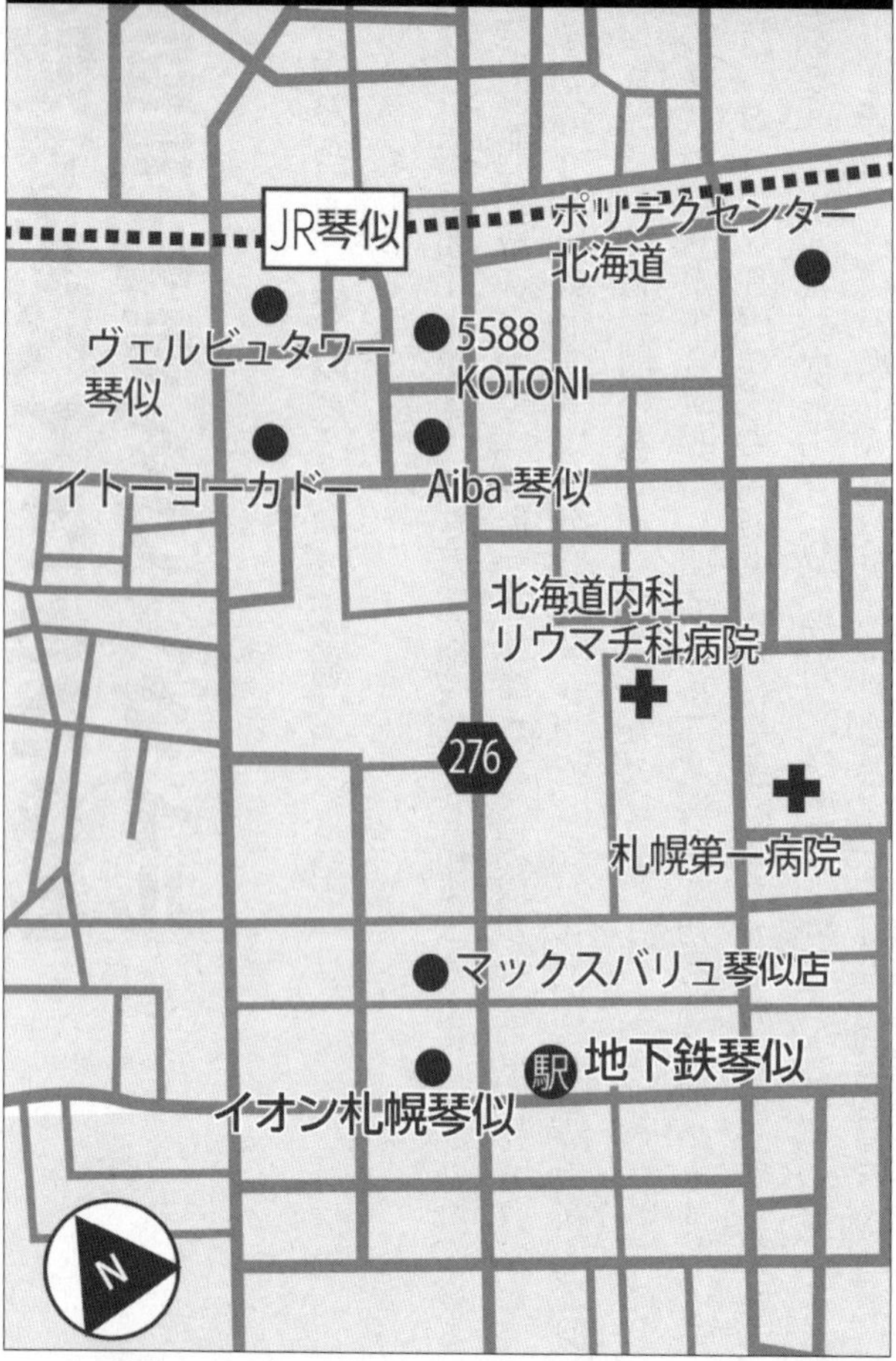

JR琴似
ポリテクセンター
北海道
ヴェルビュタワー
琴似
5588
KOTONI
イトーヨーカドー
Aiba 琴似
北海道内科
リウマチ科病院
276
札幌第一病院
マックスバリュ琴似店
駅
地下鉄琴似
イオン札幌琴似
N

用しているため道が整理されておらず、変形した交差点もある。

ＪＲ琴似駅と地下鉄琴似駅は直結はしておらず、約８００メートル離れている。だが、ＪＲと地下鉄を結ぶ琴似栄町通に琴似商店街が個性ある飲食店や新鮮で安い青果を売る商店を出し、人通りが絶えないほど賑わっている。琴似商店街は西区民の生活になくてはならない、地域の台所になっている。この琴似商店街の歴史をひもとくと、元は屯田兵村建設の折に小泉衛守が食料品・雑貨の店を開いたのが初めということである。兵隊相手に商売をやってみたところ、繁盛して商店が少しずつ増えていったのだ。

琴似商店街周辺は今ではすすきのにつぐ繁華街であり、ヘビーな札幌出張族の隠れ人気スポットとなっている。なにしろ、どの店も札幌中心部よりはリーズナブルでしかもおいしい。ラーメンの名店もあり、旭川ラーメンの老舗「なにしろ」など、グルメなら押さえておきたい店が数多くある。とはいえ、最近は琴似の飲み屋も不況の煽りを受けて苦戦しているようだ。景気が良かった頃は札幌市中央卸売市場の関係者が飲みに来ていたが、景気が悪くなるにつれて常連の足が遠のいたため、飲み屋も縮小したり閉店する店舗が増えてきた。今の琴似は以前と雰囲気が変わりつつある。

漁港から遠く離れている琴似だが、不思議なことに魚介類がおいしい店が多く、回転寿司でさえネタが新鮮でうまい。さらに札幌女性が愛してやまないスイーツの上質な店が「なぜこんなところに⁉」という場所に店を出しており、わざわざ札幌まで買いに行く必要もない。ショッピングも、ドラッグストアにダイエー、イトーヨーカドーと買い物場所は選びたい放題だ。

また、琴似には独特のイベントがある。JR琴似駅北口に古い石造りの倉庫があるが、NPO法人コンカリーニョが多目的ホールとして運営しており、コンサート、フラメンコ、骨董市や芝居など多彩なイベントを随時行っている。地域発のアートな空間として地元民に広く支持されている。

このように、西区民は琴似駅周辺ですべて事足りてしまうせいか、札幌駅まで公共交通機関で20分もかからないのに他のエリアへ出たがらない。琴似に住む、ある専業主婦などは「ここ10年くらい札幌に行ったことすらない。札幌へ行ってまで済ませる用事もないし、特に行きたくもないから」という証言をしている。札幌市民としては驚きのひきこもり様だが、それも理解できる。

なにしろ生鮮食品や日用品はすべて琴似商店街で買った方がいいし、スイーツも地元で手に入る。商店街には衣料品や靴の専門店まであるし、煎り立てのほうじ茶の香り漂う老舗茶屋もある。ちょっとコーヒーが飲みたければ、イートインがある地下鉄琴似駅直結の焼きたてパンの「どんぐり」で充分だ。車があれば、10分程度で桑園の大型ショッピングモールにも行けるし、いざというときには札幌市立病院だってあるから安心だ。札幌に出ても買い物疲れしてしまうし、琴似で全部用事が済んでしまう。西区民にとっては、札幌よりも琴似の方が便利なのだ。

琴似は地味に札幌で利便性の高いエリアとして人気が高まりつつあったが、このようなエリアを不動産会社が放っておくわけもなく、2006年に地上40階建て、約135メートルの高さで北海道No.1（2006年建設当時）の超高層マンションが建てられて大いに話題となった。

地上100メートルを超えるマンションは北海道では初めてだったため、札幌の新しいランドマークになるといわれたが……2011年現在は札幌駅北口にもっと高い143メートルのマンションがすでに存在している。

JR乗車人員道内ナンバー2なのにみすぼらしい手稲

乗車人員は多くても栄えていない駅前

札幌市内のJR乗車人員№1は「札幌駅」と予想がつくが、№2がどこの駅なのか聞くと、大抵の人はびっくりする。2018年度のJR北海道の駅別乗車人員は、札幌駅が9万9593人で1位、続いて手稲駅が1万5574人で2位、新札幌が1万4674人で3位である。市外を含めると1万7759人の新千歳空港駅が道内2位だが、知名度でいえばピカイチの函館駅は10位に入っていない。つまり、手稲駅は侮れない実力を誇っているのだ。

手稲には1880年（明治13年）頃から鉄道が走り、軽川駅という名前の旅客駅がある交通の要所だった。手稲駅と呼ばれるようになったのは、1952

JR 北海道乗車人員トップ 10（2018 年）

駅名	1日平均乗車人員	駅名	1日平均乗車人員
札幌	99,593	桑園	10,518
新千歳空港	17,759	小樽	9,459
手稲	15,574	千歳	9,087
新札幌	14,674	白石	8,285
琴似	11,686	北広島	7,738

JR 北海道発表値より作成

年に改称されてからである。それから長い間、寂れたこぢんまりとした駅のまま利用されていた。その後分区し、人口がますます増加してくるに従って、寂れた駅周辺も少しは賑やかになってきた（とはいえ、そんなにすごくはないが）。

ローカルが「松井さん」（こういう呼び方、グッとくるね）と親しみを込めて利用していた手稲駅南口前にある「松井ストアー」は手稲区のスローガン「ていねっていいね」に沿ってか名称も「キテネ食品館」に変えてリニューアルオープン。2002年には手稲駅周辺地区交通結節点整備事業により、手稲駅を全面改装し、翌2003年には自由通路「あいくる」を作り、北口側の西友手稲店と手稲区役所、南口側のキテネ食品館と直結している。

寛大な企業　雪の遅刻は暗黙の了解

しかしながら、手稲にしては新しい駅になったとはいえ、北海道内のJR乗車人員№2の駅としてはあまり栄えていない印象だ。駅前に活気がないとはいわないが、近隣の琴似の方がもっと人通りが多く、繁盛しているように見える。唯一、手稲区の住民以外の人間がやってくるのは、スキー客くらいではないだろうか。以前は夏にテイネオリンピア遊園地にやってくる人がいたが、2010年をもって閉園した。サッポロテイネスキー場はまだ営業を続けているようだが、利用客が年々減っているようである。

乗車人員が多いといっても札幌・小樽方面に会社があるサラリーマンや学生たちの利用が多く、買い物や観光目的でやってくる人間はほとんどいない。手稲駅発のスクールバスが多く、5つの高校の生徒が利用しているので、早朝と夕方は高校生でいっぱいだ。曙エリアや富丘方面からバスや自転車でやってきて手稲駅で乗り換えるサラリーマンもいる。また、手稲駅からは宮の沢駅行きのバスの本数が多く、地下鉄東西線を利用したい人は宮の沢駅行きのバスに乗って通勤している。

夏場ならバスや自転車の乗り換えもスムーズだが、冬となると通勤事情は激変する。ドカ雪が降った朝は、バスが一体何時にやってくるのか運転手自身にすら予想もつかない。雪のせいで道路が狭くなって車線が減少し、路面が凍結すればノロノロ運転で渋滞し、下手をすれば歩いた方が早いときすらある。真面目なサラリーマンは大雪の朝は10分早く家を出るが、考えることは皆同じである。皆が一斉に早めに家を出るので、結局車は渋滞する。

なお、市の除雪作業などがまったく間に合わないほどの積雪があった場合、札幌っ子は大抵「もう何をどう頑張っても間に合わないな」とあきらめる。バスやJRの運転手が流す「大雪による遅延が発生しており、お客様には大変ご迷惑をおかけしております」というお詫びアナウンスのなか、札幌っ子は落ち

利用者は多いが目玉もなく街もショボ目な手稲駅。純粋に住宅ばっかりの地域なので、飲食店とかもっとあってもいいのになあ

着いた様子で携帯電話を取り出して会社におもむろに電話をかけ、いつ会社に到着出来るか分からないと報告する。また、そんな大雪の日は、1時間到着が遅れても会社では平気である。「ようやく辿り着いたわ」と遅刻しようが悪びれる様子もない。貧乏くじを引くのは、早めに到着した人間で、誰もやってこない間の電話対応などを少人数でこなさなくてはならない。だが、それで文句をいう人間もいないのが札幌である。大雪は札幌に住んでいる以上、あたり前のアクシデントなのだ。

手稲区のひとつにまとまらない住民意識とは？

ふたつのエリアの住民　第三勢力が登場⁉

手稲山に見守られるように広がる手稲区は、もともと西区であったが、人口の著しい増加により1989年、西区から分区して手稲区になった。2019年11月の手稲区の人口は14万1764人である。札幌市の北西部に位置し、おたるドリームビーチのある小樽市と隣接している。手稲区の地図を見ると、区の約半分が小樽・石狩寄りで残りは北区、西区、南区と接し中央区側に向かっている。区の面積は56・77平方キロメートルで10区中6番目の広さだ。

このような立地条件のためか、手稲区では小樽に寄った海側の住人と中央区寄りの住人との間でライフスタイルや気質に違いがある。

中央区寄りの住人は、概ね手稲駅を中心として札幌方面に勤務するサラリーマンがマンションや一戸建てを建てて住んでいる場合が多い。１９９０年代には治安が比較的良くてのんびりした環境で子供を育てたい、という団塊の世代から下のファミリーが地価の安い手稲地区に家を建てるケースが増えた。手稲駅周辺では、ＪＲとバスのアクセスは良く、大型ショッピングセンターや商店もあり、日常生活にはまったく不便がない。区役所、郵便局、図書館、銀行にプールもあり、公共施設も充実している。なお、職業でいえば公務員や医療関係者など安定した仕事に就いている人たちが多いようだ。教育レベルも比較的悪くはなく、札幌手稲高校の２０１９年の偏差値は60である。

また、手稲駅から離れるに従って高齢者の割合が高くなり、富丘エリアや曙エリア付近では若者の姿よりもお年寄りを多く見受ける。手稲を歩けば、道ばたで雑談をしているおばあちゃんたちの姿をあちらこちらで見られるだろう。

だが、２００７年に手稲山口にニュータウン「明日風のまち」が誕生した。イオン札幌手稲山口ショッピングセンターも開業し、人口は続々と増えている。将来的には人口２９００人を予定しており、２０１０年には明日風公園も開園

海寄りの住民像

教育	偏差値 40 前後
職業	小樽方面の サラリーマンが多い
アクセスの良さ	車がないと不便
買い物	コンビニや商店
公共施設	手稲駅まで出ないとない
街の雰囲気	少しさびれている
年齢層	年寄りがすごく多い
性格	保守的だが、 素朴で人なつこい

※独自調査より

中央区寄りの住民像

教育	偏差値 50 ～ 60 程度
職業	札幌勤務の公務員や医療 関係者が多い
アクセスの良さ	JR とバスで便利
買い物	大型ショッピングセンターや商店
公共施設	手稲駅周辺に揃っている
街の雰囲気	明日風がオシャレ
年齢層	年寄りも多いが子供も増 えてきた
性格	気さくだが、人の生活に 深入りしない

※独自調査より

された。ニュータウンには他区からの転入者が数多く住んでおり、年寄りが多くてさびれた雰囲気だった手稲が一転して都会的な環境に変わってしまった。ニュータウンではおしゃれな若奥様がガーデニングを楽しみ、休日には庭で焼き肉パーティーをする小洒落た空気が流れている。このエリアに限っていえば、今までの年寄りが多くてさびれつつあるという手稲区のイメージが覆る。やがて、明日風が「手稲区のプチセレブタウン」になる日も近いだろう。

では、手稲区の小樽寄りで海側の住民たちはどうなのかといえば、やはり中央区寄りの住人とは雰囲気がグーンと違う。港町である小樽に近いせいか、浜っ子の気質があり、どちらかというと保守的で、地域や親戚づきあいも大切にしている。近所付き合いはややグループ化しやすい傾向があり、どのグループに入るべきか新参者は迷うだろう。だが、閉鎖的ではなく、ヨソからの転入者にも気さくに声をかけてくるのがやはり札幌っ子らしいところだ。性格も小樽寄りになればなるほど素朴で、言葉のアクセントも若干なまりを感じさせる。なお、札幌よりも小樽の方が近いので、小樽方面で仕事をしている人も少なくない。

道路はボロいが街並みは市内でも際だって高級感が。街の真ん中にはイオンがあり、便利は便利だが鉄道までのアクセスは厳し目だ

教育については、再編成が行われ、海側エリアの札幌稲西高校が札幌稲北高校と２０１１年に統合して札幌あすかぜ高等学校に変わった。統合前の偏差値は稲西高校が40、稲北高校40と学力についてはかなりイマイチである。統合により多少上がったが（２０１９年は43）、今のところ大して変わっていない。ニュータウン明日風のママたちはあまり教育ママとはいえなかった、という感じだが、今後はどうだろうか。増え続ける人口に喜んでいた手稲区だが、転入者が多くなればなるほど地域にいろいろなタイプの人間がやってきて地域に変化がもたらされるようだ。

急増する熊出没も南区にとっては平常運転

外出がおっかない！　熊に出くわす恐怖

「札幌って熊がでるんでしょ？」と道外の人にいわれても、「たまにね」と笑い飛ばしていた札幌人が、近年の相次ぐ熊出没状況に笑えなくなっている。

札幌市内のヒグマ出没情報によると、２０１８年は南区が１２３件、中央区が8件、手稲区が4件、西区が2件の計１３７件だった。この年は少なかったが、中央区で44件の出没情報があった年もある。

熊が出没すると、その日のトップニュースとしてローカル番組で報道され、子供たちは集団下校、猟友会のハンターらが出動する。これに札幌市民は戦々恐々とするのだが、それは中央区など、熊の生息域に隣接している住宅街での話。緑豊かな南区と南区民は慣れっこだ。

南区民の「熊熟練ぶり」がわかる事例は多い。熊の出没期間は春と秋。時間帯は早朝と夕方が多いのだが、南区民はちゃんとこれを把握して行動している。この時期に山菜採りをする人などは、ちゃんと熊よけの鈴をつけて歩いているし、南区のホームセンターでは熊よけの鈴がバカ売れで、もはや日常の標準装備。熊は出るものだという意識があるのだ。年にわずか数件の出没で大騒ぎをする他区民とは経験が違うのである。

なお、ヒグマが人里に降りてくる原因として、北海道庁は「ドングリ不作原因説」を挙げている。それ以外にも、近年では人間に対する警戒心の薄い、新世代型のヒグマが増えており、若いヒグマが道路を徘徊することがあるという。

熊が出没すると、猟友会のハンターが出動して、やむを得ない場合は射殺することもある。ただ、これには賛否両論で、時には殺処理に多数の苦情が寄せられる場合も。しかしこれも「冤罪」的なケースは多い。熊対策のベテランハンターたちは、当然北海道にはアイヌ以来の熊信仰があることを知っているし、「神の化身」たる熊への敬意は大きい。当然基本的には「人里に降りるとヤバい目にあう」ことを「教え」るための攻撃をし、治る程度の怪我をさせて追い返すことを狙っている。殺処理に及ぶのは、それが不可能だと判断した場合や、不幸なミスが起こってしまった場合だけなのだ。

そもそものアイヌやそれと関係があると思われる東北のマタギにしても（東北人にルーツを持つ人の多い札幌のハンターは、マタギの後裔ともいえる）、熊を尊重しつつ、自然との繋がりの中で熊を倒し、毛皮や肉を大切に「頂いて」きたのである。殺処理された市街地出没ヒグマも、可能な限り有効に活用されているのが現実だ。問題は、自然と共生してきた伝統を可能な限り守ろうとしているハンターたちの精神をまったく無視して、薄っぺらい動物愛護の精神から、自分が安全圏にいるときは「熊がかわいそう」といい、危険が及びそうなときは「早く殺せ」とわめく一部市民の存在だろう。本当に動物愛護の精神をもっているのは、熊を射殺しているハンターだということがわかっていない。

南区民には、こうした薄っぺらな人は少ない。熊対策に対しては、今後南区民が先頭に立って、「正しい熊との共生」を他地域の市民に広めていってほしいものである。

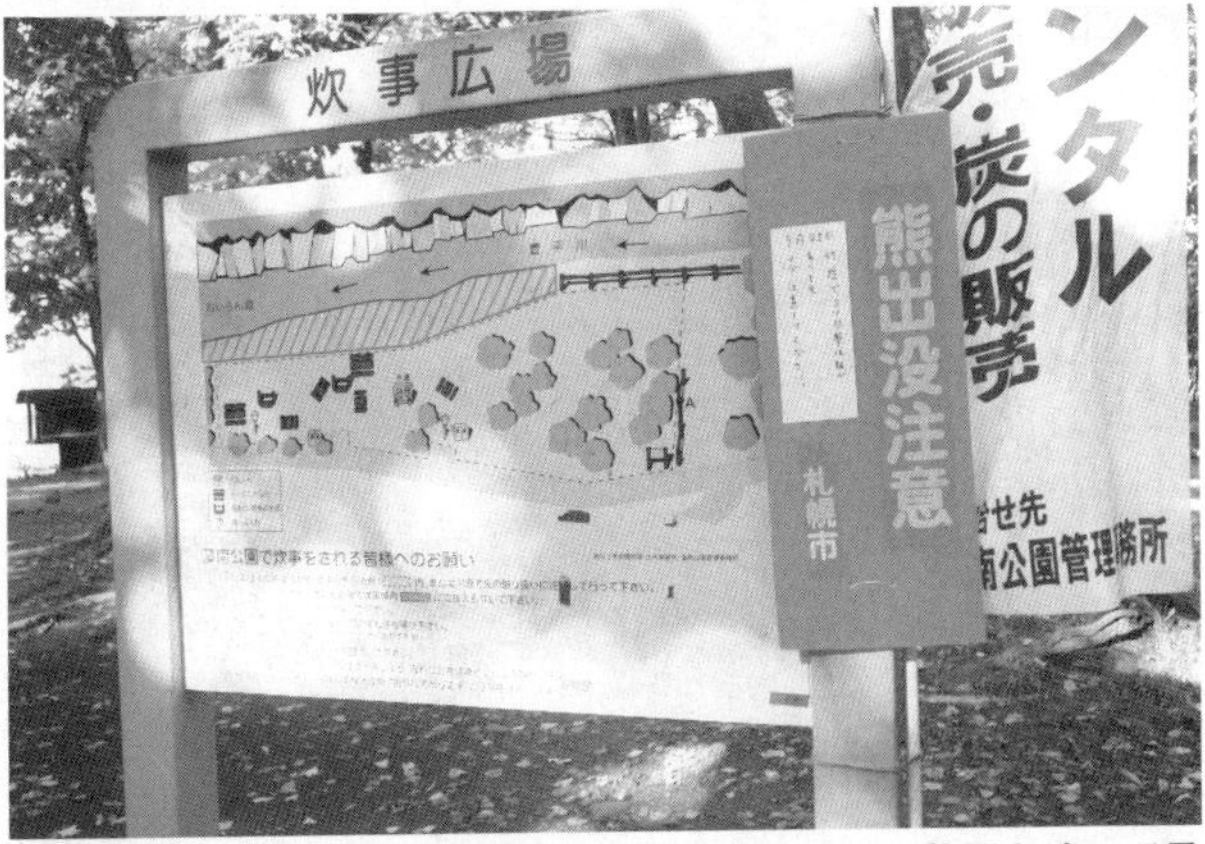

南区の公園で「熊注意」の看板はもはやデフォルト。他区と違って最初から警戒をしているのが基本姿勢なのであまり問題にならない

南区の住宅街には藻岩下や真駒内柏丘といった高級エリアもあるが、それらを含む多くの地域が熊の生息地に近い。もう慣れっこなのだ

「ビンボー」「金持ち」の境界 国道36号線

ビンボー人はバスを使えが清田区のスタンダード

海外では富裕層と貧困層が暮らすエリアははっきりと分かれていることが多いが、清田区エリアにおいてもそのような区分けが実はある。清田区の国道36号線を挟んだ家並みを比べると、建物の外観から、住んでいる人たちの生活レベルが透けて見えてくる。

一方は何十年も経った古びた団地が密集しており、この先何年経っても発展しなさそうな雰囲気を漂わせ、もう一方は築5年以内といった風情の真新しい住宅が一軒に一台の車付きでズラリと並んでいるニュータウンである。見た目で判断するのは短絡的だが、どう見ても団地エリアの方が「ビンボー」そうであり、ニュータウンが「お金持ち」に見えてしまう。

国道36号線近くには美しが丘ニュータウンが存在しているが、清田区は東部地域開発や各種の大型民間宅地開発が進められ、次々にニュータウンが建設された。広いだけで何もなかった札幌の東部に住宅街が出来あがったことにより清田区の人口も増加し、２０１９年11月現在の推計人口は11万４２４０人になっている。

ただ、清田区は札幌市で唯一鉄道路線のない区である。そのため交通が不便で、区民は自家用車かバスに頼るしかない。かねてから区民より「地下鉄東豊線を清田区まで延伸しないのか」と要望が市に寄せられているが、地下鉄の赤字財政により伸びる見込みはほとんどない。清田区の人口が20万人を超えたら地下鉄延伸するかもしれない、という噂も流れたが、実際に札幌市の人口はこれから減少に向かうことが予想されているため、現時点ではとても現実的な話ではない。

清田区民は半ば地下鉄延伸についてはあきらめ、移動はほぼ自家用車に頼っている。夫婦の場合、一人一台所有していることも普通だ。だが、それは生活に余裕のあるニュータウンの住民の話である。車どころか、家賃すらままならないビンボー暮らしをしている人にとって、頼れるのは公共交通機関しかない。しかしその交通機関といえば、バスしかないのだ。そして地下鉄に乗り継ぐ場合、福住駅・南郷18丁目駅・大谷地駅・新さっぽろ駅経由で行くしかなく、外出にも一苦労である。清田区は、交通に関して完全に取り残されたエリアだ。そのうち札幌市に愛想をつかして「北広島市になる！」といい出してもおかしくはない。

なお、清田区民がさらに絶望的な気持ちになる構想が札幌市から打ち出されている。「コンパクトシティ構想」である。この構想は簡単にいうと、「郊外を開発するのはやめて、市街地をコンパクトにして生活圏を歩ける範囲にしてこう」というものである。街をギュッと縮めることにより、除雪費用が軽減されるメリットがあることから、札幌市、仙台市、青森市、稚内市、富山市などが現在この構想を推進している。

札幌市の郊外に当たる清田区エリアは、この構想では開発の切り捨て対象になる確率が非常に高い。地下鉄の延伸どころか、貧困層には札幌の中心部への

交通の便がいい札幌市にあって、清田区はその例外。車がないと普段の生活もままならないので、高齢者が暮らすにはかなり厳しい環境

移転を推奨されるときがくるかもしれない。札幌市は最近「スリムでコンパクト」がお好きなようである。近年になって「コンパクトシティ構想」「スリムシティさっぽろ計画」などを持ち出し、なんでもギュウギュウ詰めにしたいらしい。

ニュータウンに住んでいる車持ち世帯なら、今のままの生活でも何とかやっていけるだろうが、持ち家を持たないようなビンボー人にとっては便利な生活をしたければ、札幌の中心部へ引っ越すしかない。せっかく増加した清田区の人口も、移動手段がない「交通弱者」の問題を解決しない限りは、おそらく減少してしまうだろう。

※　※　※

すっかり鉄道を諦めていた清田区だが、2018年、突如「地下鉄延伸　市が検討継続」の報道が飛び出した。

この記事では、あわせて手稲延伸の見送りが報じられていたので、ある程度清田区への地下鉄到達は「本気度」があると思われる。この方針を確認した秋元市長は2019年の選挙でも当選し、オリンピック招致とともに「清田の希望」も継続することになったのである。

これらを総合すると、どうも清田区内にオリンピック関連の重要施設が？と思われる。実際、札幌ドームに隣接する農業試験場用地にアイスホッケー場を建設するという案があり、地下鉄延伸はこれに関連するものであろう。とすれば、清田区としては是非ともオリンピックを開催してもらって、まあアイスホッケーはともかくとして、まずは地下鉄を！と叫びたくなる。ただ、逆をいえばオリンピックがこなければこの話も立ち消えとなることは濃厚。なんともハラハラする状況が、まだ当分の間は続きそうだ。

本当の高級住宅街はどっち!?　伏見VS円山

円山はプチセレブ!?　でも伏見だって……

最後は札幌の高級住宅地事情。札幌市民の認識では、高級住宅街といえば円山、というのが一般的だ。北海道神宮と自然豊かな円山公園が地域に閑静な佇まいを醸し出し、おしゃれなマダムが裏参道にあるアンティークショップを覗き、かわいい雰囲気のカフェや上品なイタリアンレストランで女同士の話に花を咲かせる。円山に遊びに来た、他地区の人間は「円山は、上品な雰囲気のおばあちゃんや、芸能人みたいにおしゃれをした奥さんが普通に歩いている。さすがセレブの暮らす場所だ」という感想をもらす。

2009年にはメルパルク札幌跡地に大型商業ビル「マルヤマクラス」がオ

ープン。円山公園駅に直結し、名前は地名と「ｃｌａｓｓ」という、集合的・上品さなどの意味合いをもった言葉を組み合わせてつけている。ビル全体は円山のハイソさをイメージしたセレブリティーな外観で、地元民に人気なだけではなく、他の地区の住人も一目見ようとやってくる。

しかしセレブな外観とは裏腹に、なかに入ってみると1階はマックスバリュにスターバックスコーヒー。入っているテナントは案外普通で、輸入食品のジュピター、フラワーショップにパン屋に本屋、レストランフロアもショッピングモールのレストラン街以上ではなく、あとは会員制スポーツクラブがある程度。これではショッピングセンターのアリオやイーアスと変わらない、庶民的な内容だ。

だから「セレブ御用達のスーパーはどんなものか」と恐る恐るマルヤマクラスに足を踏み入れてみると、普通だった、というガッカリ感と、同時に妙な安心感を抱く人が多い。

では、なぜこんなハイソな外観で庶民的なテナントが入っているのだろうか。

比較的高収入な人が多く住む円山地区だが、地下鉄円山公園駅周辺には分譲マンションが所狭しと建てられ、昔の閑静さが損なわれて少々ゴミゴミした雰囲気になりつつある。物件価格は駅から徒歩８分、約２２０平米、３ＬＤＫの一戸建てで３４００万円程度。住宅ローンは年収の５倍程度まで、といわれているので年収７００万円以上あればローンを組んで買えるレベルだ。このくらいの年収では、本州と比べた場合、セレブというには片腹痛い。

しかし札幌市民の平均年収は３００万円以下と異常に低いため、これでもセレブに見えてしまうのである。マルヤマクラスは円山という旧来のブランドイメージから外観をセレブ向けにし、その実、さほどセレブではない住民に合わせて庶民的なテナントを用意したのかもしれない。

だが宮の森の坂の上地域まで足を伸ばすと、医者や弁護士クラスの高収入を得ている本物のセレブがお屋敷を建てて暮らしている。宮の森二条から三条辺りの約３６０平米、３ＬＤＫの一軒家は８０００万円前後である。お金持ちのお屋敷見物をしたければ、車で宮の森に行ってみるといいだろう。

なお、マルヤマクラスには円山の住人だけではなく、伏見からも多くの買い物客が訪れている。円山地区から南にある場所で藻岩山の麓近くでもあり、最近品格が落ちて来た円山よりも閑静でハイソな住宅街として、新興勢力のセレブに人気がある。

伏見にも宮の森地区と同様、お屋敷群が高台の上に並んでおり、旧地崎邸を頂点に札幌の街を見下ろす場所にある。伏見地区の物件価格を見ると、約550平米の5LDKの一軒家が5000万円程度と、宮の森よりも査定価格は低いが、伏見地区にある伏見中学は市内で最もレベルが高い札幌南高の進学率が高く、子供の教育レベルを落としたくないと考える東京からの転勤族が住むケースが増えつつある（子供は大変だね）。

年収レベルが札幌よりも高い本州人が多くなれば、自然と街のグレードもアップする。本物の都会からやってきたママたちがワンランク上のレストランやブティックを求めれば、おしゃれな店の需要が急激に高まる。とはいえ、年収1億円以上稼ぐような本物のセレブが、転勤でわざわざ札幌にやってくるケースはあまり考えられない。伏見地区のマダムも札幌人と比べれば経済レベルが高いというだけで、「なんちゃってセレブ」がほとんどであろう。

きれいな家は多いが、よく見ると案外小さめの家も多い。割と古くからの住宅地なので、案外老朽化が進んでいる場所もあったりする

円山のハイソさは古い円山ブランドのイメージが定着しただけのもので、伏見は本州の生活水準を持ち込んだ新興セレブというべきだろう。だが、ここでいうセレブとは札幌市内限定のセレブであり、本州で円山と伏見をセレブの街と吹聴すると恥をかく可能性がある。あえて本当のお金持ちがいるとすれば、宮の森のごく一部の地区だ。大方の札幌市民は、平均的な普通の庶民しかいない。結局のところ、札幌のセレブはプチ・セレブの域を出ないということか。

札幌市コラム 3

いまだに人気の衰えぬ定山渓温泉

札幌の本格的な温泉街といえば、定山渓温泉しかないだろう。札幌中心部から車で約40分程度でついてしまう気軽さと、女性にも人気の各種宿泊プランが選び放題とあって、昔も今も札幌の奥座敷として人気だ。

1866年に備前国（岡山県）出身の僧侶だった美泉定山が、傷ついたシカが温泉で傷を癒やしているのを見つけ、小屋を立てて湯治場を作ったのが始まりといわれている。湯守りとして多くの人々に癒やしの場を提供した功績を称え、「定山渓」と名付けられた。

定山渓は、歴史の浅い北海道には珍しく、面白いエピソードが転がっている。定山渓の二見河畔公園には「かっぱ大王」という河童の像が設置されているが、その昔、定山渓を流れる豊平川で消えた美少年が、「河童と結婚して幸せに暮らしている」と父親の夢枕に立った、という河童伝説があるからだ。そのせい

か、この辺りは河童をまちおこしの題材として扱っており、数十体におよぶ河童の像が建てられている。
　泉質に関しても評判が良く、お肌がつるつる、疲れがとれて湯冷めしにくいと温泉好きからも好評である。露天風呂に浸かっていると、定山渓温泉のリピーターと思われる中高年のおばさんたちが、どの宿が泉質が良くてサービスもいいかなど、長風呂しながら話に花を咲かせる。なお、温泉マニアは源泉かけ流しを重視しており、定山渓には源泉かけ流しの宿が多数存在している。「定山渓温泉はたいしたことない」という人は、

宿選びを間違えたのだろう。

なお、温泉だけではなく、グルメや娯楽の面でも温泉街として不足はない。ふかしたての温泉まんじゅうは、午前中で売り切れてしまうこともしばしばだし、無くなり次第終了の手打ちそばの店もある。器からはみ出すほどのかき揚げそばが大人気だ。各ホテルでもエステや部屋食など、こだわりプランを用意しており、懐に余裕があれば外出しなくても豪遊出来る。

また、夜になると10軒ほど営業しているスナックや居酒屋にネオンが灯り、一人旅の男性客も退屈しない。コンパニオン付き温泉宴会プランもあり、景気がいい頃には会社の経費でおじさん団体客の接待も行われたようだが、今はポツポツ、といったところだ。冬の札幌ではスキーと定山渓温泉プランも定番になっている。札幌人の癒やしの温泉街、定山渓はこれからも愛され続けるだろう。

第4章
新幹線到達を控え
大規模な再開発が始まった

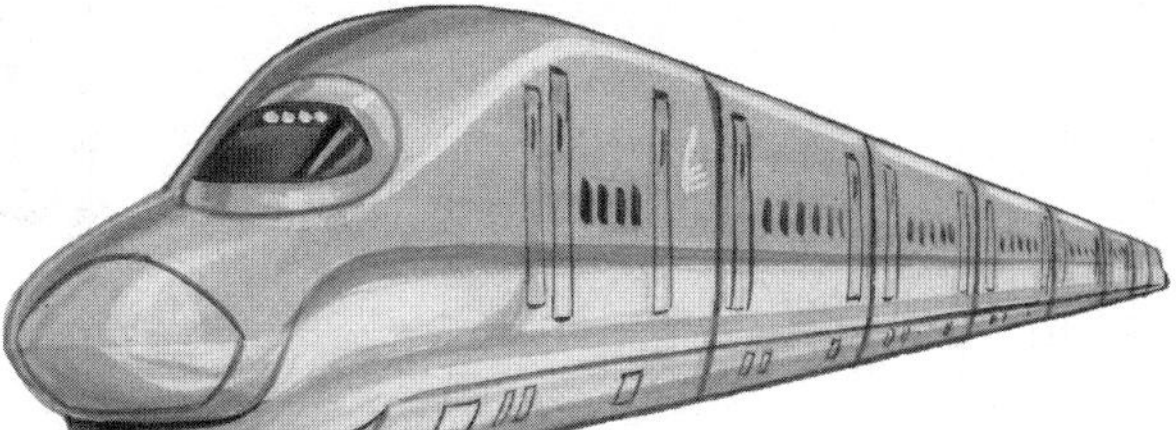

古ぼけた新札幌駅周辺は大規模再開発中

せっかくの副都心もまさに計画倒れ

新札幌は文字通り札幌市のニュータウンとして作られた新しい街だ。一応断っておくが、ここでは「副都心」として呼ばれる際の表記が漢字の新札幌なので、地域名として使用し、「新さっぽろ」は地下鉄駅を指す言葉とする。

この場所は元々、旧陸軍の弾薬庫から米軍、次いで自衛隊がつかっていた軍用地。これを1966年に札幌市が用地を取得し「副都心」として整備した。当初は周囲の巨大団地やサンピアザショッピングセンター（1977年）、ダイエー、カテプリなど総合ショッピングゾーンの成立。地下鉄新さっぽろ駅の開業に伴う新さっぽろアークシティ（1992年）なども追加され、巨大な駅近隣の総合商業エリアが確立した。

ここには、バスターミナルなど鉄道以外のインフラ施設も接続され、ある種理想的な「まちづくり」がなされたといえる。が、肝心の設備間接続がイマイチで、地元民すら場所がわからなくなって迷う始末。店を探すのもひと苦労で、規模は大きくてもやたらと使いづらい「街」になってしまった。

１９９９年にはシェラトンホテルが開業し、副都心のランドマークとなったが、この頃には使いづらいショッピングセンターエリアは寂れに寂れ、せっかく建った高級ホテルも「浮いた」存在にしかならなかった。周囲に団地があり、人口は多いのだが、この使いづらい副都心から客足は離れ、現在ではイオン札幌平岡店のような郊外店にかなりの地元民をもっていかれてしまっている。

副都心と名付けたわけで、本来は北広島市からの集客も見込んでいたが、新さっぽろの使いにくさもあって目論見通りにはいかず、逆に北広島市を含む郊外地域に大型ショッピングセンターが林立。もはや都心を名乗る資格はまったくゼロという状態に陥っている。新札幌という輝かしい名前の実態は、「旧札幌」と呼ぶにふさわしい体たらくである。

ついに動き出した再開発だがこれだけでは？

閑古鳥が鳴く新札幌では、21世紀に入ってからはもはや開発事業も中途半端なまま放置状態。人は住んでいても賑わいとは無縁のゴーストタウン化も目前という感じだった。ようやく再開発計画が具体化するのは、2015年の「新さっぽろ駅周辺まちづくり計画」策定を待たねばならなかった。このプランの核は、駅北東方向の市営住宅下野幌団地を空け、このエリアを中心とした駅近隣エリアを再開発するというもの。2018年には大和ハウス工業など6社が土地を取得。商業地、タワーマンション、そして大型病院をつくることが決まり、約20年ぶりに、新札幌の「新」にふさわしい変革が訪れようとしている。この団地跡ほど大規模ではないが、駅南方向にも再開発エリアはあり、そちらには札幌学院大学のキャンパスなどが入る予定だ。

ただ、そうはいってもこの再開発エリア。新札幌（さっぽろ）駅からは道を挟んだ場所にある。こうした大型の再開発は、駅との接続が非常に重要だ。返上の改革図をみると、駅に一番近い商業施設棟から1本の陸橋、ないしはペデストリアンデッキらしきものがあるが、これだけではあまりにも弱い。というか、再開発エリアが良い感じになればなるほど、現状の駅ビルの使いづらさ、寂れっぷりが際立ち、新札幌は相変わらずちぐはぐな街であることから脱することが難しいように思える。

やはり、再開発の本命は、現状の駅ビルであるｄｕｏ（１・２）とサンピアザの改装なのではないだろうか。これらの接続と構造的欠陥を見直さない限り、せっかくの再開発エリアもまた、同じ運命をたどる恐れが大いにある。どうせやるのなら、現在の再開発エリアに直結する厚別中央１・５、２・５交差点からＪＲの線路をまたぐ交差点すべてにペデストリアンデッキを設け、サンピアザと再開発エリアを直結させるくらいの手は必要になるだろう。

新札幌エリアのもうひとつの問題点は、あまりに街が商業施設に頼りすぎ、地上部分にほとんど商店街らしきものがないこともある。流行っている街は、ほぼすべてが大型商業施設（デパートなど）と駅の間に、飲食店を含む商店街があり、それらのコンビネーションによって、利用者は多様な選択肢を得ている。札幌駅からすすきのに至る中心部はまさにそれだ。しかし、もはや新札幌エリアでは、そうした商店街を作るスペースは存在せず、大型商業施設オンリーで攻めるしかない。それなのに、商業施設間、駅と商業施設間の接続が悪いために、今日の惨状を招いてしまっていることを、もう少し重要視できないものだろうか。

好調札幌市にあって人口が減り続ける厚別区

札幌市の人口は順調に増えている。ここ数年は毎年3000〜5000人が増加しており、30年前に比べなんと30万人近くも多い。その中にあって、新札幌のある厚別区は例外的にジワジワと、それも長期にわたって人口を減らしているのだ。札幌の中心部まで電車で10分。新千歳空港にも近い。インフラ網の条件としては最高といえる新都心があるのに、である。

この理由は、これまで散々に批判してきた新札幌の駅周辺がダメダメなこともあるが、それよりも団地の整理がうまくいっていないことにある、というのが、地元の意見だ。確かに、駅直近の新さっぽろ団地は2013年に整備された新型の団地だが、それ以外の団地は、いまだにエレベーターもなく、それでいて5階建てといった「めちゃめちゃ使いづらい」ものが、まだ数多く残っている。こうした条件の悪さは、当然新規入居者からは敬遠され、必然的に古くからの住民が、仕方なく住み続けているということになる。古くからの住民がずっと住んでいるということは、つまり住民が高齢化しているということであり、事実厚別区の高齢化率は札幌市内でもかなり高い。

これは、新札幌副都心の「失敗」に、大きく寄与している。商業施設は作ったが、住民の高齢化とともに衰退。おまけに、高齢者が家から出づらい（エレベーターもなく大変）。このため、住民の減少スピード以上に商業エリアが衰退し、その影響でさらに新住民が増えづらくなるというスパイラルだ。

だからこそ、団地を整理した再開発エリアには期待が持てるわけだが、残念ながら30階建てのタワーマンション数棟で、この状況を根本から変えることは出来ないだろう。とりあえず、今の再開発はなんとか頑張って成功を目指し、これに続く団地の再生・整理を進めていかなくては、同じことの繰り返しになってしまうだろう。

ただ、そういう考えをもっている人は居るのだろうが、それをなかなか実行に移せないのが札幌の大きな弱点。今後、どんどん人口が減り、目指していなくても強制的にコンパクト化していくのは、どの都市も同じ。新札幌は、そんな中で「新都心」として、場合によっては「札幌市は札幌駅と新札幌駅だけで成り立っている」という存在にならなければならない場所だ。せっかく札幌学院大学が来るのだから、それに向けた学生街機能をどうもたせるのか。高齢化が進んでいるのだから、その高齢者をどうケアし、新住民と無理なくいっしょに暮らせるようにするのか。大型病院の建設はそれに寄与するだろうが、どうも今のところ、ハコモノを用意すれば万事解決的な雰囲気が感じられてならない。結果的には完全な住宅エリアになっているのに、ホテルを作ったりするのも、ちぐはぐ感があるし。

一度は「失敗」した副都心である新札幌。これから、この街が本当に「新」となるには、今の再開発だけでは不足だ。今後、どのような手を札幌市と厚別区が打ってくるのか。2022年頃終了する今の再開発の「後」に注目したい。

元は団地だった広大な敷地には、500億円の予算が投じられる。単体では非常に理にかなった施設ができそうだが、街全体としては？

再開発は始まったが、やはり新札幌の再生には現状の使いにくさ炸裂施設群をもうちょっとなんとかする必要がある。こっちが本命だ

駅の場所まで変えた苗穂が大注目

札幌駅徒歩圏の寂れた街苗穂

札幌は明治以降急速に発達した街なだけに、特に中心部は非常に効率的な街となっている。札幌市内の多くのエリアは、この「新しい街」であることの恩恵を大きく受けているのだが、例外もある。例外というよりも、むしろ「明治にできた街だからこその弊害」というべきものがあるのだ。

そのひとつが、ここで取り上げる苗穂駅周辺。ご存じの通り、苗穂駅は札幌駅の隣駅。乗車時間はおおよそ3分。なのだが、平日のダイヤをみると、電車が来るのは昼間で20分に1本、ラッシュ時でも15分に1本という、中途半端な田舎駅なのである。苗穂の市街地から札幌の中心部まで2～3キロ。徒歩でも通えてしまう距離なのにこれである。

こうなった大きな理由は、先に述べた「弊害」からだ。苗穂は、札幌の中心部に近く、しかも豊平川があることから、明治の終わり頃よりビール工場をはじめとする多くの工場が建ち並ぶ工業エリアとして発展した。これらの工場が文字通り札幌を支える屋台骨のひとつとして、大きく街の繁栄に寄与したのである。しかしこのため、都心部に至近でありながら、戦後の住宅ラッシュには対応できず、近年では結局工場の合間にぽつぽつと家が建つ寂しいエリアになっていた。本来なら、先にお話しした新都心など作らずに、ここまで札幌の中心部を「拡大」してもよかったのだが、それは不可能だったのである。

この状況が変化し始めたのはわりと最近。都市部の工場が徐々に移転、廃止されていくなか、２００５年には工場跡地に巨大な商業施設アリオ札幌が完成し、多少の賑わいも出始めた。だが、アリオは要するに郊外型の商業施設。「札幌の隣町」がいきなり「郊外」という分断っぷりは、ある意味工業地帯であったころと変わっていない。今に至っても、苗穂は相変わらず近すぎる田舎のままなのだ。

巨大タワーマンションで街の性格ががらっと変わる？

このように、立地を生かし切れていなかった苗穂なだけに、割り切った再開発はしやすい。アリオ札幌店が作られた背景には、2002年に策定された「まちづくりガイドライン」があり、これにより苗穂は住みやすい住宅地化への舵を切った。アリオ完成から13年、その動きは大きく進み、2018年には苗穂駅が300メートルほど札幌駅へ近い場所へ移転し、アリオと駅の距離がぐっと縮まった。さらに、それまでネックとなっていた線路による南北分断が、この駅に備えられた自由通路でずいぶんとマシになったのである。

この駅移転は、駅周辺の大規模な再開発を行うためのものとみることができる。アリオに近づいただけではなく、苗穂駅の周りには、駅完成後広大な敷地が確保され、ここに苗穂駅を中心とした新しい街をゼロから作り上げようとしているのだ。

その中で、すでに動き出したのは地上27階建てのタワーマンション「ザ・グランアルト札幌苗穂ステーションタワー」だ。苗穂駅の北側に建つこのタワーマンションはアリオと直結。つまり、苗穂駅、マンション、アリオが一体化するわけである。現状のアリオは車での来店が多くを占める郊外型の施設となっているが、これが「郊外型来客にも対応できる駅前店」に変化するのだ。前の項で新札幌の惨状を見た後だと、その反省を存分に活かしたもの、というふうに見えてしまう。駅の位置まで動かしたのだから、かなりの本気度だ。

さらに、南口にもツインタワーマンション「プレミストタワーズ札幌苗穂」が建設中。これらだけで北口とあわせて７００戸以上の住居が確保されることになり、おおよそ１５００～２０００人程度の住民が、駅直結の環境に住めるようになる。２０１９年の中央区人口はおおよそ２０００人強増加する見通しだが、苗穂駅だけでその数字の達成が可能になるという計算だ。この半分が通勤で苗穂駅を利用するとなれば、ラッシュ時だけでも苗穂駅を通過している快速などを停車させることも夢ではない。一気に１日あたりの乗車人数が１０００人増えるなど、鉄道会社にとってこれほどオイシイことはないのだ。ちぐはぐさが目立つ札幌にあって、苗穂の再開発はいちいち効率がよくみえる。

ＪＲ北海道がやっと本気を出したのか？

苗穂の強みはそれだけではない。そもそも北３条通で大通りまで直結しているわけで、電車に乗り遅れたらバスに乗れるなど、すでに通勤通学の利便性は高い。しかも、苗穂駅前再開発にあわせ、北３条通では札幌中央体育館の移転新築も完成しており、総合的な住環境の強化はどんどん進んでいる。

こうした札幌には珍しいトータルコーディネートがなされた再開発には、分割民営化後、「ダメな方のＪＲ」の一画を占めていたＪＲ北海道が再開発に参加していることも、良い影響を与えているのではないだろうか。

実は、駅北口のグランアルト建設には、ＪＲ北海道も一枚噛んでいる。主体となるのは建設大手の大京だが、ＪＲは「開発に参加することでノウハウを学びたい」というコメントも出しており、ついに本腰を入れて儲かるまちづくりに乗り出そうとする意思を感じる。

他地域の「優秀」なＪＲ各社は、すでに大規模な再開発の主力として活躍し、かなりの利益を上げている中、ようやくＪＲ北海道も「それに気付いた」という形なのかもしれない（だとすれば遅すぎるが）。現在の苗穂駅北側には、まだＪＲの持っている広大な敷地があり、場合によってはここの施設を他の場所に移して、さらなる苗穂の大規模開発を行うことも可能。こうした開発でＪＲ北海道ががっちり利益を確保してくれれば、現在重荷となっている過疎路線の存続資金の確保にも繋がるし、別の場所での効率的な再開発も可能になる。札幌市のみならず、全道的にありがたい話になるのかもしれないのだ。さしあたり、北広島市移転が決まった北海道日本ハムファイターズの本拠地直結の駅建設に向けては多少の追い風になってくれることを期待したい。

この先の苗穂再開発はどうなる？

苗穂の再開発はタワーマンションだけでは終わらない。現在計画されているのは北口エリアが主力で、グランアルトの西側には高齢者向け住宅、北側には商業・業務施設が計画されているので、場合によってはオフィス機能も充実するかもしれない。さらに駅の真北にあたるエリアには大型の病院も予定されており、これらにアリオと駅がペデストリアンデッキですべて接続されるという。これであれば、北口方面の住民だけではなく、南口住民の利便性も上がるので、本当に一体となった街の開発が進められようとしているのだ。

ただ、ひとつ懸念を出しておくと、この苗穂エリアの大開発によって、このエリアが大きな人気を得るようになると、そのあおりを食った他の地域がいきなり衰退する可能性があるということ。もちろん、札幌市はコンパクトシティ化を目指しているので、その意味では都心に直結する苗穂駅周辺の活性化は素晴らしいことなのだが、あまりに急激な変化は必ず歪みを生む。また逆に、札幌市やJRがそれを「避けるため」に、苗穂駅の増便にストップをかけたりして、思ったように苗穂エリアが発展せずに、多くの資金が無駄、なんてことも考えられる。そんなアホなことをするわけはないだろう、と思いたいのだが、これまでの所行をみるに、どうも札幌市もJR北海道も信用ならない。これだけ褒めちぎった再開発は、本シリーズでも異例なので、是非期待通りの発展をしてもらいたいものなのだが。

移転が完了した新苗穂駅。小ぶりな作りだが、自由通路がこのエリアでは念願の南北通路。あとは利用者がどこまで増えるかの勝負だ

南北がほぼ同時に開発されつつある苗穂。これ以外にも、JRの車両基地が駅北東側に存在するので、さらなる大規模開発の可能性も

建設ラッシュのビル群そんなに作って大丈夫なの？

創世スクエアは意外と小規模

長らく「既に滅んでいるパラダイス」としてのんべんだらりな時を過ごしてきた札幌。どうもこの街の居心地のよさは「まあ不便な所もあるけど我慢できるでしょう」的な空気を蔓延させてきたのだが、1972年のオリンピックに匹敵する北海道新幹線の札幌到達という大事件により、その長い眠りから目覚めつつあるようだ。

北海道新幹線の札幌到達にともなう経済効果の予測などは、後の項で詳しくみていくが、ともかく札幌市の中心部で、その経済効果をみこした開発が行われているのは事実だ。

まず、すでに完成している開発事業からみていこう。目を引くのは大通公園のすぐそば、市役所の向かいに完成した「さっぽろ創世スクエア」だ。このさっぽろ創世スクエアという名前は、あのでっかいビルだけではなく、周囲の公園や公共施設なども含めたエリア名なのだが、一般的な認識としては、高層オフィスビルを指す言葉となっている。

オフィスビルに入居する企業は、ＨＴＢと朝日新聞社北海道支社などの朝日系マスコミとＮＴＴといったところが代表格。ＨＴＢのマスコットキャラクターである「ＯＮちゃん」がその存在感を誇示している。北海道の名物番組『水曜どうでしょう』でおなじみだったＨＴＢ旧社屋（というよりも平岸高台公園か）が閉鎖されてしまったのはちょっと残念に思う人もいるだろうが、これによって札幌のマスコミは、そのほとんどが大通公園近くに集結することとなった。

市民にとって直接的に影響が大きいのは、このオフィス棟よりも、並立する低層ビルの札幌市民交流プラザだろう。中でも札幌文化芸術劇場は都心部にできた新しいホールとして存在感を示しており、会場移転を繰り返した「ＳＡＰ

PORO CITY JAZZ」のメイン会場となった。とはいっても、収容人数は2000人台の中型施設なので、相変わらず大規模イベントが都心部ど真ん中でガンガン開催できる、というわけではないのだが、イベント会場が不足気味だった札幌市にとって、有力な施設が完成したことは歓迎すべきことだろう。が、やっぱりもうちょっと大きい施設を作って欲しかったという気もするけどね。

計画性はある？　ない？　評価が難しいタワーマンション

お次は住宅だ。2019年に完成したタワーマンションは創成川に面した「シティタワー札幌」や北海道庁北側の「ラ・トゥール札幌伊藤ガーデン」など。シティタワーはリバーサイド、ラ・トゥールは北海道大学植物園に面しており、ロケーションとしてもなかなか豪華だ。

現在建設中なのは、狸小路に面した「南2条西3丁目西地区」や駅北側の「札幌駅北口8・1地区」など。純粋なマンションであった完成済みのものに対し、これらの施設はホテルや商業施設もワンセットになった複合施設となりそうだ。

しかしこれらのマンション、確かに都心部に近いのだが、それが故に値段が高い。例えばシティタワーは、不動産情報サイトによれば6390万円から1億2000万円もの値段がつけられている。間取りを見ると3LDKあたりが標準なので、価格としては、東京の都心部とあまり変わらない強気の設定となっているのだ。

それだけではない。新築マンションの位置はちょっと「都心過ぎ」ており、大手デパートなどには直近でも、普段の食材を購入したりするためのスーパーなどの充実度がやたらと低い。ラ・トゥールからは、まいばすけっとやコープまで500メートル程だが、シティタワーからはそれなりの距離を歩かなければ普段の買い物ができないのだ。

つまり、これらのタワーマンションは、実際問題かなりの「高級物件」ばかりで、街の人口増加と経済活性化の主力である「中の上」ランクの人々を相手にしていないものばかりなのだ。立地の良さを考えれば確かにそれでいいのかもしれないが、東京などの大都市圏では、もう少し離れた場所に、もっとお値打ちの物件があり、都心部に住める大金持ちも多い。先に見たとおり、札幌市の人口は増加しているが、勤労層の主力である若い男性は札幌を離れて他の都市圏に行ってしまうケースが多いので、総合的なニーズに対して、高級物件が多すぎるように思えてしまう。

まあだからこそ、新札幌や苗穂エリアの重要性が高いのだが、問題はこれら「郊外」エリアが札幌の中心部と「近すぎる」ことなのだ。例えば、前項で紹介した苗穂のグランアルトは2LDK～4LDKで3450万円から1億900万円。苗穂駅とシティタワー札幌の距離は直線距離で1キロちょっと。この立地条件で、苗穂の方が1部屋多いのである。

もちろん、札幌中心部のマンションにはもっとお得な物件もある。が、再開発の象徴ともいえるタワーマンションが高すぎて、最終的に部屋余りが続出などということになると、せっかく盛り上がっている再開発に、暗い影を落とすことになるのは必定。実際、東京でも都心部のマンションがあっという間に売り切れ、というニュースが出た後に、大量の売り物件が出ているなんてこともあり、タワーマンションは思ったより売れていないし、価値評価も高くはないのである。東京ですらそれなのに、札幌でこの状況は、ちょっと再開発熱に浮かされて、色々と見失っているのではないかと思ってしまう。

まあ、最終的にぼんぼん建っているタワーマンションが値崩れして、そここの中流家庭がお得に札幌中心部に住めるようになるというのは悪い話ではないのだが、経済の健全な回り方という観点ではあまり望ましくない。今のところ、大きな問題が起きているという話はほとんど見つけられなかったが、今後せっかく買ったマンションの資産価値が暴落したり、お金が足りなくて修繕がずさんになるなどの問題が起こる可能性がある。

このように、新しいビルがバンバン建っている札幌だが、その足下にはそれなりの危うさがある。元来、札幌の魅力には、安さというものが大きく寄与していたはずだ。再開発で街が活性化するのは歓迎したいが、足下を見失った開発が続くようだと中心部の空洞化なんて最悪の結果も覚悟しなくてはならなくなる。

また、今後完成するマンションや商業施設を含んだ複合ビルも、札幌駅北側の閑静というかちょっと寂しいエリアに計画されていたりして、今度は「お客さん来ないでしょそんなところ」な心配もある。札幌駅北口8・1地区開発はまさにそれで、なんとも心配になるものは多いのだ。

そもそも、再開発の大きなトリガーとなっている新幹線の札幌到達は今のところ2031年度、オリンピックも2026年の開催は諦めて2030年に照準を定めているし、それも決まったわけではない。今マンションや複合ビルが完成しても、その「恩恵」にあずかるのは10年後という考え方もできるのである。

日本は自由経済を基本とする資本主義国家なので、民間が自由意志で行う経済活動を規制しすぎることはできない。だが、それを踏まえた上で、無理のない規制や意思表示で民間の動きをコントロールするのも行政の役割だ。大規模な再開発が、望まざる結果を招く恐れがあるのだとしたら、もうちょっと考えてくれよ、といいたくなる。

現在具体的に動いているもの「だけ」なら、仮に失敗したとしてもそれほどの悪影響がないだろう。ビルの数もせいぜい10棟程度だ。だが、これが後先考えず、今後も暴走するようなら、危機を招く可能性は考慮する必要がある。

今のところ札幌のタワーマンション販売は順調のようだが、その購買力がどこまで持つかは怪しい所。この辺りで様子をみるべきでは

創成川沿いはマンション建設の主役。確かに中心部とほどよく離れており市場も近いのだが、学校も少ないし住環境整備はまだまだ

新幹線ホームは駅の東側合わせて超巨大ビルも建つ？

新幹線ホームはかなり遠そう

札幌で大きな話題といえば新幹線の函館（北斗）・札幌間の開通だろう。といいたいところなのだが、行政や経済界ではそうでも、街ゆく人に話を聞く分には、それほどの感心をもたれているようには思えなかった。

しかしこれは無理もない話。なんとっても、今のところ新幹線の開通は、「順調にいって」２０３１年春という見通し。10年以上も先の話なのだ。札幌の市街地は確かに平野だが、道南から札幌に至るルートは山だらけ。どこかで何らかの障害にぶつかり、計画が遅延するなんてことは十二分に考えられるわけで、まだ「気が早い」というのは、冷静な判断といえるだろう。

それに、北海道新幹線が札幌に到達しても、「目に見えて」便利になるのは札幌、函館間の移動のみ。現在北海道の富を独占している札幌としては、逆に魅力はあるのに不便すぎて行きづらい函館が活性化して、札幌の地位が相対的に下がる、なんて心配もするべきなのだ。第一、札幌市民は他の地域に移動する際は、30分もみれば新千歳にいけるということが身にしみているので、大した魅力を感じなくても無理はないのである。

しかし、市や道、そしてＪＲ北海道が浮かれているのは確かだ。２０１９年11月11日、ＪＲ北海道は新幹線ホームに近いＪＲ札幌駅南口の札幌市中央区北５西１、西２の両街区に、巨大ビルを建設する意向を発表した。

ＪＲ札幌駅は、すでに２００３年に完成したＪＲタワーを持つ巨大駅となっている。この存在もあって、新幹線ホームをどこに作るかの検討は難航。結局、駅の東側の創成川にいたる線路部分に新幹線ホームを設けることにほぼ決定した。要するに、元の札幌駅エリアはすでにパンパンで、これ以上新規にホームを並列して作ることはできなかったのである。

現在の構想通りにホームが完成すると、ＪＲ札幌駅は現在のほぼ「２倍横に広がる」ことになる。つまり、新幹線ホームから在来線への接続は西側の1カ所だけになり、他の駅にあるような複数の接続路を作ることは完全に不可能。これをカバーするというか、ある種ごまかすために、さらなる巨大ビルを作るという意図が見え隠れしている。

で、そのビルには何が入るの？

新幹線ホームに近いビルの構想は雄大だ。なんといってもその高さ。地上230メートルという巨大さで、JRタワーの38階建て173メートルを大幅に上回るものになる。

さらに、JRタワーの南側にも新規のビルを作り、230メートルビル、JRタワーをそれぞれ接続する超巨大複合施設とするという。このふたつの新規ビルは、1階部分をバスターミナルとし、総合的なインフラ網の充実度をアップさせる構想だ。

が、そこまではいいとして、果たしてその230メートルビルには何が入るのか。報道に拠れば、「世界展開する高級ホテルやオフィス、商業施設を併設」とあり、ＪＲタワーの手前にできる低層ビルには商業施設を誘致するという。だが、とりあえず一度落ち着いてもらいたい。ホテルの需要は確かに高まっているが、その主力は安価に海外旅行を楽しむアジア圏の人々からなるインバウンド需要だ。まあ確かに、札幌には高級ホテルが少ない。某花見関連で紛糾しているニューオータニや日航札幌、メルキュールなどは高級ホテルといっていいだろうが、それ以外は上の下からビジネスホテルがほとんどだ。が、実際にこれら「高級グループ」をみてみると、それほど高くもない上に、まあまあ空き部屋がある。つまり、現状でも高級路線はそれほど需要があるわけではなく、すでに十分の数を確保できているというべきと予測できる。

それよりも、チェーン系ビジネスホテルが妙に高騰していることのほうが目につくので、現状では安いホテルをもっと増やす方が観光誘致には役立ちそう。こうした現状を、どのくらい考えているのだろうか。

それよりも問題視したいのは商業施設だ。先に見たとおり、現状の札幌は大丸のひとり勝ち状態が続いており、伝統の丸井さんは破綻、それを半ば救済で引き取った三越も苦戦している。そんな状況下に、超巨大ビルの豊富なスペースを投入したら、さらなる過当競争が起こって市全体が共倒れなんてこともありうるのではないだろうか？

実際、札幌市民の声を聞くと、買い物環境の充実度に関しては、現状でそれなりに満足しているという声を聞く。まあ、観光需要を考えれば、駅ビルに観光客が集中して身動きがとれなくなっている名古屋駅や博多駅などの例をみるように、北海道自慢の飲食店街を作り、観光客は駅ビル、地元の人はすすきの、的な棲み分けをつくることはありうるが、それは現状のインバウンド盛況が続いた場合の話。日韓関係のこじれから、韓国人観光客が主力となっていた九州各地では観光産業がいきなり壊滅の危機を迎えたりしているし、全面的に寄りかかっていいものでもない。なんというか、いままでのんびりし過ぎていた反動から、駅の改装に関しても勢い任せが過ぎるような気がするのは、果たして筆者だけだろうか。

オフィスビルも心配だ。昨年完成したさっぽろ創世スクエアにしても、2019年11月現在で全フロアが埋まっているわけではなく、おおよそ650坪もの敷地が「入居可能」となっている（3フロア合計）。オフィスビル需要が高騰している大阪などと違って、これは札幌では今のところ「オフィスもまあまあ足りている」ことを示すし、「新しいオフィスに移るほど金のある会社」がそれほど多くないことともいえる。

ただ、オフィスに関しては良い話もある。今、特に大阪で顕著なのは、ネット環境や高度な社内ネットワークなどを構築するのに必要な、現代型インテリジェントビルの不足だ。その意味では、札幌も新しいビジネスに対応できるビルが多いとはいえず、潜在需要は存在するだろう。それも札幌駅直結のオフィスだ。魅力は十分ある。

だが、それにも疑問符を付けることはできる。大阪の場合は、そもそも大阪生まれの大企業が多く、一度東京に移った本社機能を大阪に戻すなどという需要がある。果たして、札幌にはそこまで「企業がやってくる必然性」があるのだろうか。

むしろ、現代では安価な家賃で相対的に高給を払える環境を整えたいＩＴ企業などが、積極的に地方進出を果たしている。仮に構想通りに巨大ビルを建てたとして、そうした需要を満たせる家賃を設定できるのだろうか。普通に考えれば無理な話だ。

悲観的な話ばかり並べてしまったが、これも札幌の慢性的な病たる「自分のことを過大評価しすぎる」ことの現れに見えて仕方がない。もちろん、新たな革新的なビジネスが札幌で生まれ、それを行うための場として巨大ビルがあるのならば大歓迎だ。だが、現在の報道や発表をみるかぎり、とにかく大きいものを作りたいとか、最新の施設ならお客さんは来てくれるだろうなんていう、楽観論や勢い任せの要素を強く感じる。

第一、新幹線が来るのは確実でも、その効果は未知数だし、オリンピックに至ってはまだ呼べるかどうかも不透明（２０２０年のマラソンは来るけど）。とりあえず、「いつでも巨大ビルを建てられる下地」をきっちり作った上で、丁度よいタイミングを見定める体制をつくるだけにしておいたほうがいいのではないかと思うのだがどうだろうか。

駅周辺が発展しすぎてすすきのが衰退するのでは、なんて心配もあるし（鹿児島では似たようなことが起きている）、心配の種はつきないのである。

既に十二分の機能を誇るJR札幌駅と駅ビル。これ以上強化して、供給過多にならないのか。そのあたりの計算はできているの？

新幹線ホームはこのあたりまで来る。確かに従来の札幌駅とは相当遠く、なにか接続してるっぽく感じさせる建物は欲しいところだが

焦る気持ちはわかる！
かなりアブないＪＲ北の実態

どのくらい大赤字なのか

北海道新幹線の札幌到達を見据え、巨大ビル新築を打ち出したＪＲ北海道。前項ではそれを散々にあげつらったのだが、逆にここでは同情論を展開したい。まず、ＪＲ北海道はとりあえず「鉄道会社」としては完全に破綻している。ＪＲ北海道の15路線で黒字になっている路線は皆無。函館北斗駅まできている北海道新幹線も含んでだ。

要するに、現在の北海道の「地域としての力」として、ＪＲという巨大インフラ産業を支える力がないのである。ＪＲ北海道の「体たらく」が様々な面から批判されているが、問題はそんなところではない。むしろ、「そもそも無理なものを頑張ってやってくれている」くらいの状況なのだ。

２０１９年３月のＪＲ北海道決算書をみてみよう。これによると

・営業利益：８２８億円
・うち鉄道運輸収入：３５０億円

となっている。本業であるはずの運輸収入が半分以下だ。これに対して費用は、

・営業費用：９９８億円
・うち運輸業等営業費および売上原価：８６５億円

である。要するに、鉄道だけやっていれば５００億円以上の赤字になるところを、なんとか頑張って１７０億円に抑えているというのが現状だ。

ＪＲ北海道の根性が足りず、こうなっているという見方も確かにできるが、この「努力」をみるとどうだろうか。「運輸業等営業費および売上原価」は、つまり線路や駅舎の維持管理費、および電気などの燃料費が大半を占める。雪国である北海道では、除雪の費用がかかるし、線路も痛みやすい。過疎地も多く、それらの地域の路線を維持管理するのも大変だ。それでいて、利用者も大して多くもないしどだい無理、というのが実情なのだ。

そこにきて、ＪＲはそもそも「国鉄」であったことが足かせとなっている。日本は民主国家である以上、地域格差を可能な限り是正することは何より大切な平等権、人権を守るという観点から重要だ。国鉄が儲かる地域だろうと過疎地だろうと営業を続けたのはこうした意味合いが大きい。

これは、分割民営化された「営利企業ＪＲ」になっても、それほど変わらなかった。民営だとしても、鉄道のような公益企業はある種利益度外視でもやらなければならないことがあるわけで、ＪＲ北海道は「利益度外視でもやらなければならない」部分が大きすぎるだけ、という面があるのだ。つまり、ＪＲ北海道の経営者や社員が無償に近い賃金で働いて、天才的な商売をし、ものすごい利益を上げたとしても「やらなければならない」事業にすべて食われてしまっている。これを無思慮に「叩く」のは、いかがなものだろうか。

そもそもわかっていた苦境

さらに恐ろしいことに、こうなることは国鉄分割民営化の時点で、すでに既定路線として認識されていたということだ。つまり「ＪＲ北海道は必要だが、ＪＲ北海道がやっていけないことも承知している」上で、ＪＲ北海道という会社を独立させたのである。

では、なぜＪＲ北海道は民営化の翌年にも、いきなり潰れなかったのか。実は、この「無理」に対応するために、大量の「経営安定基金」が設けられた。その額約６８００億円。このお金を「運用」して、絶対に出る損失を埋めて、なんとか道民と日本国民のために営業を続けなさい、というわけだ。

確かに、これがあればなんとかなるかもしれない。仮に運用益が10パーセントとすれば６８０億円あるから、前回決算時の５００億円マイナスを差し引いても１８０億円も残る。分割民営化が行われた１９８７年はバブル経済まっただ中だったので、10パーセントは無理でも、まあ追加で頑張ればプラマイゼロ、くらいの計算は成り立ったし、ある程度頑張れていたのである。

だが、バブル崩壊後これは暗転。そもそも損をするのがわかっている上に、頼みの運用益も少なくなり、無理が重なって現在の崩壊状況に至ったのだ。

が、さらに内実を探るともっと深刻な問題が出てくる。２０１９年３月決算で公表された経営安定基金運用収益は142億円。6800億円が丸々残っていたとすれば2パーセント強の収益率だ。これは相当優秀。定期預金の金利がよくて0・2パーセントの昨今、数千億の資金を運用してこの成績はかなり頑張っているというべきだ。ちなみに、もっと以前は4パーセントに迫る運用益を出した年もあった。

しかし、この運用益も実はまやかし。なんとこの6800億円。ほぼ全額が政府出資の独立行政法人「鉄道建設・運輸施設整備支援機構」に貸し出しており、その「利子」が2パーセントだったり、4パーセントだったりしているわけ。支援機構がどういう運用を行っているかはともかく、そこら中の政府系機関が「運用で大損した」というニュースが飛び交う昨今、この「高利子」はかなりの太っ腹であり、普通に考えれば無理である。

要するに、分割民営化以降、JR北海道はずっと国の力と意思で「無理矢理存続」させてきた会社なのだ。そして、国がJR北海道を支えるだけのお金を用意できなくなったことが、JR北海道が危機に陥っている最大の問題なのである。

苦しいから夢をみちゃう

こんな状況にあるから、巨大ビルを作って大儲けなど、夢を見がちになってしまうJR。すでに相当頑張っていて、それでもとても足りない上に、自分たちの努力ではどうにもならない部分で苦境にたってるわけで、もはや同情を抜きには語れなくなってきた。

経営の合理化で、赤字路線を廃止に、なんて話も無理だ。なんといっても全路線が赤字なのだから、全部廃止にするしかない。

つまり、もはやJR北海道はマンション建設や再開発で小金を稼いだとしてもほとんど無意味。悪いのはJR北海道という会社を民営化のときに作ってしまった旧国鉄と政府、北海道としかいいようがないのである。

この先、JR北海道はどうすればいいのか。思い切った合理化で、特に悪い路線を廃止にしても、長期的にみて大損になるケースもある。この上は、3000億円近い純利益を上げているJR東日本に吸収合併してもらうほかないのではなかろうか。むろん、JR北海道がこの有様になっているのは国と道のせいなので、今の貴重な収入源である経営安定基金はそのまま引き継ぎ、合併することでより東京や東北との繋がりを強化。豊富な資金で北広島に日ハム駅を作ったり、構想通りに札幌駅に巨大ビルを建てたりすれば、まあＪＲ東日本の「負担分」も１００億円くらいに収まるんじゃないだろうか。ＪＲ東日本は一方的な「善意の第三者（ホワイトナイト）」になるので、そこは税制とかうやむやである程度は補填して貰おう。

札幌市民、道民は、ＪＲ北海道にいいたいことは多いだろう。実際、ＪＲ北海道は根性もないし商売も下手だ。それは、もはや定番となった不動産収入を生む再開発の主体に「いま頃」手を出したことからもうかがえる（もっとも今までお金がなくて手を出せなかったという面もあるわけだが）。だが、それ以前の問題として、そもそも無理なことを何十年も「やらされていた」会社であるということも、同時に念頭に置いてもらいたい。

これを読めば、これまでとは違った目でＪＲをみることになるだろう。ほんの少しでいい、同情もしてあげてください。

各JRの収益

	JR北海道	JR東日本	JR東海	JR西日本	JR九州	JR四国
売上高	1710億円	3兆20億4300万円	1兆8781億3700万円	1兆5293億800万円	4403億5800万円	498億5400万円
営業利益	-418億円	4848億6000万円	7097億7500万円	1969億4600万円	638億8500万円	-114億9300万円
経常利益	-111億円	4432億6700万円	6326億5300万円	1833億2300万円	665億3900万円	-3億2500万円
純利益	-167億円	2952億1600万円	4387億1500万円	1027億5千万円	492億4000万円	8億2000万円

各社決算より ※ JR四国の純利益は台風被害などの特別損失の軽減による

不採算でも走らせなければならない路線は実際に存在する。JR北海道の悲劇は、それが保有する「全路線」であったことなのだ

北海道新幹線は本当に札幌を潤わせるのか？

経済波及効果はどのくらい？

さて、ついに北海道新幹線の詳細な分析である。これまで否定的な見方もいくつかしてきたが、札幌にとって北海道新幹線の延伸は、やはり効果が高い。まず、肝心の東京との所要時間。現在の函館北斗駅から東京駅までの乗車時間は約4時間。札幌函館間の新幹線乗車時間は40分ほどと想定されているので、おおよそ札幌と東京が4時間半強で繋がるとみてよい。4時間半とは、かなり長い時間に思える。飛行機で羽田・成田から新千歳までは1時間40分程度なのだ。3倍近い時間である。だが、飛行機は「それ以外」の時間が長い。安価に利用できるＬＣＣ（格安航空会社）は東京だと大半が成田発着なので成田空港を基準に一番安上がりなルートを考えると、東京駅から成田まで安価に行ける1000円バスが約1時間、新千歳空港から札幌までがJR快速エアポートで約40分。これに1時間40分を足すと3時間20分だ。つまり、実際のところは1時間程度しか変わらない。そう考えると、乗り換えや手続きが多い飛行機のストレスと、比較的楽に乗れる新幹線のそれを比べ、大騒ぎするほどの差でないことがわかる。

また、料金も思ったより変わらない。現状、函館北斗駅から東京駅までの新幹線料金は、割引などを使えば1万5000円ほどなので、札幌から2万円前後で東京にいけるわけだ。これに対し、LCC利用の場合は航空機代8000円ほどとバス・電車が2000円なので1万円。確かに倍額だが、「普通」の飛行機を使えば2万円程度はかかるので、実は料金面でも、総合的にはそれほどの差はない。つまり、新幹線はどうしても、格安飛行機利用に比べ「長くて高い」イメージをもたれがちだが、搭乗までの手間を加味すれば、十分比較対象になるのである。まして、仙台あたりまでの移動であれば、新幹線の優位性は果てしなく大きい。

ということは、経済効果も一定以上はあるはずだ。少し古い資料だが、2007年に北海道経済連合会が調査した経済波及効果は北海道全体で年間1263億円、札幌市はその約半分の647億円と算出されている。これは、函館北斗駅までの開通時の約12倍にあたる数字であり、かなりの期待感がある。ちなみに、東北地方を合わせた効果は1436億円、全体の雇用創出人数は1万人以上とみられている。

こうしてみると、もっともオイシイのは札幌で、やはり是が非でも、1日でも早く新幹線にきてほしいものだ。実際札幌市はかなり前のめりな姿勢で、利益の半分近くを札幌市が得るのだから、建設費の自治体負担分の半分は札幌が出しますよ、と決めている。

悲観的な見方はどんなもの？

筆者を含む地域批評シリーズのスタッフは、札幌から鹿児島までほぼ全国を回っている。当然、各地の新幹線の実態もこの目で見ているわけだが、そうした他の地域の実例から、北海道新幹線の札幌到達がどのようなものになるか考えてみよう。

まず、成功した場合の想定は簡単だ。札幌は、当面の間新幹線の「終点」になる。新幹線のような長距離路線は終点がもっとも有利。近い例は九州新幹線の新鹿児島駅や北陸新幹線の金沢駅（もちろんこの先延伸していくわけだが）だろう。これらの地域には、新幹線効果が如実にでている。特に金沢は大盛況で、実際石川県民でしょっちゅう東京にきている人によれば、ほとんど世界が変わった、とのことだ。ただし、金沢は東京と直結しており、しかも乗車時間が2時間半ほど。札幌とは倍近い時間の差がある。鹿児島は福岡との距離が劇的に縮まったということで、札幌に対する函館のポジションだ。そう考えると、むしろ新幹線の札幌到達は、実は函館にとってもっとも大きいのではないか、という予測もたてられる。

現状、札幌と函館の力の差は歴然としている。この大きな要因は、やはり函館の「行きづらさ」。新幹線が通るまでは、新千歳か青森あたりまで飛行機でいき、そこから数時間電車や船でようやく到達という場所だった。函館空港もあるが、「まともな」航空会社しかきていないので、価格的に不利。時間、もしくは金銭的に行きづらい場所だったのだ。

だが、それを除けば、函館は観光地として札幌と十分戦う実力がある。五稜郭は多くの人が集まっているし、駅周辺のロケーション、ホテルの数と質は札幌と同等か上回るレベルだ。

しかも、北海道の売りである海産物は函館の方が安い。今や海鮮丼は、北海道最強の武器のひとつだが、二条市場の大行列店と同等以上の品質の店が、函館駅目の前にあり、値段は3割ほど安い。このあたりの情報が出回ると、これまで札幌オンリーで満足していた観光客が、新幹線によって札幌・函館を50：50、もしくは札幌まで格安飛行機で来て、本命は函館で札幌はついで、なんてスタイルも可能になってしまうのだ。

まだ10年も先だということもあり、函館でも札幌同様、新幹線で両都市が繋がることに対して盛り上がっているということはない。また、現状の北海道新幹線は赤字で、函館にそれほど大した恩恵をもたらしているともいえないので冷めたものだが、実際に3時間40分かけて札幌から函館まで「観光気分」で移動した筆者には、札幌よりも函館の方が魅力的に映ったのだ。

無論、現在「終点」である函館は、札幌まで新幹線が延伸することで「単なる通過駅」になってしまうわけで、函館としてはその懸念の方が大きい。だが、札幌市民なら痛いほど知っている。「実は札幌、観光地としてはかなりショボい」という事実が、新幹線によって函館と繋がることで、今までとは比べものにならないほど大きなビハインドになる可能性は捨てきれないのだ。

幸い、函館はもはやビジネス拠点としての力はほとんどなく、観光以外の要素で札幌が後れを取ることはない。だが、新幹線によってかえって観光需要が減ってしまえば、その分ビジネスを伸ばさないと「大しておいしくない」結果になってしまう。費用の半分は札幌持ちなわけで、ちゃんと儲からなくては意味がないのだ。

では、なにが望ましいのか。これはもう、東京は今まで通りにお付き合いをして、新規開拓や強化は東北地方という話になる。この際、都市の規模やブランド力からいって、札幌が東北諸都市の「上位」に立つことになるかもしれない。もっといえば、都市の規模で同等、大学のブランド力も互角の仙台と、盛岡や青森を「奪い合う」形になるだろう。現状、盛岡や青森の諸都市は完全に仙台に「吸い取られている」状態だ。だが、新幹線の開通で、東北地方から札幌までの移動は爆発的に楽になる。すでに青森や弘前と函館は、新幹線開通後今までとは違った交流が生まれている。ただ、元々近かった函館に対しては、新幹線は「高くなった」ことのほうが目立ち、以前よりも「行きづらくなった」という意見もある。その点、札幌は「純粋に近くなる」のだ。この差は大きい、もし、観光客が札幌をスルーして函館に行ってしまう流れができたとしても、ビジネス需要や学生などの若者を、今までより広い範囲（東北を追加）から集めるという観点では、完全に函館は「通過駅」となる。

しかもこれは、今まで通り札幌が、観光客も独占し続けた場合でも期待したい「効果」だ。であれば、残された10年という時間を使って、いかに仙台一辺倒の東北地方各地に、札幌の影響力を及ぼすことができるかを模索していきたい。北海道全体が沈む中、北海道の中の「御山の大将」だけでは苦しくなることもあるだろう。確かに東北も良い状況とはいえないが、もらえるものは確実にもらうべき。札幌が半分お金を出しているわけだしね。

立派な駅だが設備はショボ目の函館北斗駅。函館の中心部から遠いのだから、お土産物屋はかなり気合い入れないとダメなのに！

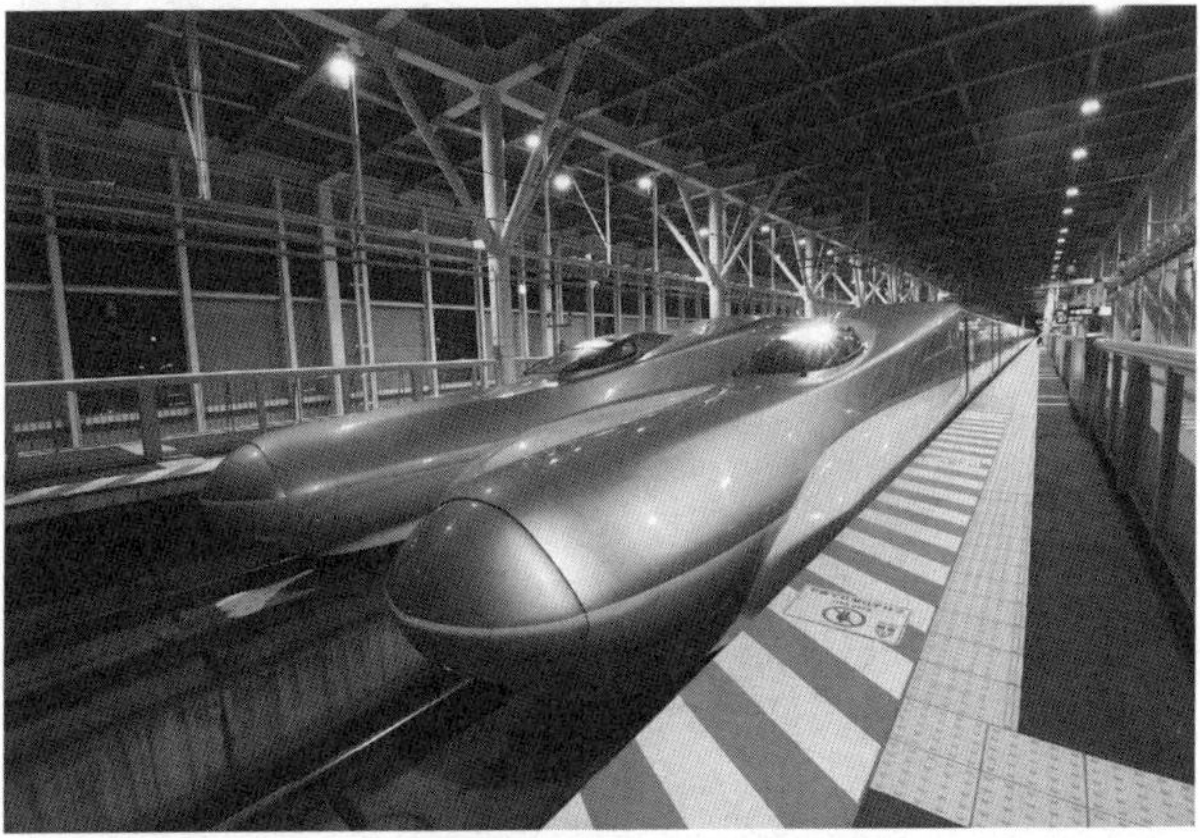

イメージ的にはかなり時間がかかる北海道新幹線も、実際に乗ってみると案外「早い」印象。東京まで乗る人も増えてくれるか？

ヘタこいた札幌市！ファイターズが移転を決意

まずは経緯をおさらいしておこう

北海道日本ハムファイターズ。もはや市民、道民の誇りとなった名である。2004年シーズンより本拠地を札幌ドームに移したファイターズは、小笠原道大、高橋信二、森本稀哲、金村曉、武田久、八木智哉、建山義紀らに加え、SHINJO（日ハムなのでこっちで表記）、稲葉篤紀、セギノール、岡島秀樹らを獲得し2006年には移転後初優勝。江夏豊最後の輝きとなった1981年以来の快挙だった（足りない選手が多いけどご勘弁を、坪井とか）。

ファイターズはこの後完全な育成型チームとなり、2004年のダルビッシュ有に続き、中田翔、大谷翔平ら高卒の大物を次々と獲得。しかも主力に育ったら高値で放出し、また新たなスターを育てるという、地域密着型球団としては理想的な方針を維持している。数年おきに大幅な戦力ダウンをしているのに、すぐに力を取り戻し、北海道移転後５度のリーグ優勝、２度の日本シリーズ制覇を成し遂げている。

と、このあたりは誰もが知っている話なのでこのあたりにして、問題は昨今話題の本拠地移転問題だ。２０１６年、突如発覚し、２０１８年11月にはついに、北海道北広島市の運動公園に建設する「北海道ボールパーク」へ２０２３年シーズンより移転することが発表された。なぜファイターズは大金のかかる本拠地移転など決めたのか。野球ファンには常識だが、ご存じない方のために簡単に説明しておこう。

まず、最大の問題は「高すぎる」ことだ。ＳＨＩＮＪＯを先頭に、本当に「今はパリークです」な状況を決定づけたのはファイターズ。当然、東京時代とは比べものにならない集客を誇り、大きな経済効果を札幌と北海道にもたらしてきたのだが、実は大して儲かっていない。というよりも、なんとか節約して儲けを出している状態なのだ。

戦力的にも金銭的にもリーグ最強のホークスと比較してみよう。２０１８年度の決算報告によると、ファイターズの純利益は約７億４０００万円。ホークスは約７億８５００万円。日本シリーズ制覇のホークスと互角の利益を出している。これだけみるとすごいのだが、問題はその内実。年間動員人数はホークスの２５６・６万に対してファイターズは１９６・９万人。約60万人も少ない。チケットの平均価格は３０００円くらいなので、18億円も少ないはずなのにこの差はすごい。だが、その分ホークスは金をかけている。平均年俸はホークスの約５５００万円に対しファイターズはわずか３０１９万円でリーグ最下位。これも選手枠70人で単純計算すると約17億。選手の給料をケチって利益を上げている計算になる。さらに、ホークスはスタッフも多いし、練習施設や育成用の3軍にも大金を投じているから、本当の差はさらに激しくなる。

この大きな要因が、札幌ドームの使用料なのだ。使用料は１日８３１万６０００円。さらに入場者が2万人を超えるとさらに１人あたり４００円（税別）が加えられる。これだけで年間10億円程度かかっている。他の費用も合わせれば、約20億円が市に「吸い取られている」のである。

これに対して、事実上ホームグラウンドを自前で持っているイーグルスなどは、年間わずか５０００万円（維持費や設備充実にかかったお金は当然負担しているが）。さらに、札幌市の持ち物である札幌ドームは球場内の広告やグッズ・飲食の収益も球団には入らないシステムで、企業努力のしようがないのだ。

もうひとつ、人工芝が固すぎて怪我が多いことも問題だが、やはり最大の問題は「流行っているのにケチらなくてはならない」ことにある。主力を次々に放出する育成型チームになっているのは、こうした事情から「仕方なくそうしている」面も確実にあるのだ。

自前で球場を作っちゃって大丈夫なの？

こうなると、大金がかかっても回収できるのだから自前の球場を持つのを検討するのもわかる。仮にグッズなどを自前の収益にできたとしよう。２０１７年のイーグルスは売上高約１３８億円。このうちグッズなどが12パーセントほどなのでなんと16・６億円。このうち25パーセント程度が利益と考えてもこれだけで4億円。札幌ドームの広告収入は2~3億円なのであわせて6億円程度は利益を増やすことができるのだ。

北海道ボールパークの建設費は約600億円。30年ローンを組んだとすると、年間20数億円程度なので、単純にグッズ・飲食・広告収入だけ増えるという恐ろしい計算が成り立つ。600億円も払っているのに初年度から利益が増えるのである。

6億円もあればスーパーエースを2人かかえておけるので、成績も上がるだろう。そうすれば動員数がホークス並みになってさらに18億円売上アップ。あまりにもウハウハすぎる。実際にはもっと色々とお金がかかるだろうが、それを差し引いても最悪「今と変わらない」収益で、「努力をすればするだけ売上アップ」が狙えるのだ。こりゃもうやるしかないでしょうという話だ。

が、そんなことはわかっていても、ファイターズは大恩ある札幌市に対して丁寧な対応を続けていたのだ。使用料の軽減を何度も市にお願いし、合わせて固いグラウンドの改善をお願いしていた。が、あろう事か札幌市は、消費税がアップした2016年から、それまで1日800万円だった使用料を現在の金額につり上げたのだ。これが移転決意の決定打となった。値下げをお願いしにいったら値上げをされたという事実は瞬く間に野球ファンの間へ広がり、「アホ過ぎる札幌市」の評判と、本拠地移転への支持が高まったのである。

これに対して札幌市はあわてて道立産業共進会場や北海道大学構内、次いで真駒内公園での新球場案を提案するが、面積の不足や大学、周辺住民の反対で頓挫。当たり前だ。説明も合意もほとんどなしで地元が納得するわけもない。

北広島市の本気度と札幌市のダメさ

この機に名乗りを挙げたのが北広島市だ。手のひらを返すもしっちゃかめっちゃかの札幌市に対し、北広島市は北広島駅から約2キロ弱の場所にあるきたひろしま総合運動公園周辺の土地を提案。さらに土地の無償提供や10年間の税軽減なども約束し、あまりの「待遇」の違いを見せつけた。

問題の元凶はまさに札幌市にあるのだが、同情の余地がないわけではない。そもそも、札幌ドームは２００２年のＦＩＦＡワールドカップに合わせて作られた豪華な「サッカースタジアム」であり、建設費の回収が大変だった。そこにファイターズが来てくれて大助かりだったわけだが、使用料なども条例で定められており、普通の金額交渉ができる状態ではなかったのである。このあたりの「身動きがとれなかった」ことも、交渉の決裂に大きく寄与してしまったわけだが、それを差し引いても市の「ずさんな対応」「殿様商売」が目につく。これを札幌市民の目からみると、やはり市のダメさ加減が目につきすぎる。単純に球場が遠くなり、市の収益が悪化（東豊線の利益も減るので相当なマイナスだ）。最終的には、これがサービスの悪化や再開発の鈍化などに繋がり、全部市民にふりかかってくるのだ。

もっといえば、確実に重荷になるとみられたサッカースタジアムが、ファイターズという救世主のおかげで「オイシイ」存在になってしまったため、札幌市や経済界の天下り先になっていた事実もある。札幌ドームの幹部には、北海道マスコミ出身者も多く、その力で新聞もテレビも本来の役割である「権力の監視と批判」をするどころか、場合によってはファイターズを悪役扱い（ともとられかねないレベルでは抑えていたが）。札幌市のダメさ加減を越えて、暗部が噴出するレベルにまで到達していた。やっぱり、ほとんど同情の余地がないといったほうがよさそうだ。

北広島市に決まった新球場は、当初「北広島駅から遠すぎる」「新駅が必要だが建設は無理だろう」といった問題点を指摘されていたが、２０１９年12月11日、なんと「あの」ＪＲ北海道が新駅の計画案を発表。急転直下、新球場はかなり「理想の形」で成立することがほぼ確実となったのだ。

だが、それでも問題がないわけではない。まず、新駅はファイターズが移転する２０２３年には間に合わず、２０２７年の完成が見込まれている。大事な移転直後の4年間は、北広島駅から通うしかないのである。

北広島駅から新球場を含むボールパークまで歩いてみたが、混雑時を想定してゆっくり目に歩いたら約40分かかった。埼玉県にあるサッカーの聖地、埼玉スタジアムも駅から遠いので有名だが、実際に歩いた印象の比較では、北広島の方がさらに遠い印象だ。ただ、ロケーションとしては、線路の東側に遊歩道が整備されているため、それほど「つらい」感覚はない。ただ、あの遊歩道を数万人が歩くのは難しいので、やはり何らかの道路整備は必要になるだろう。

最大の問題点は、約80〜90億円と試算されている建設費だろう。新駅は北広島市の「請願」駅。つまり地元がお金を出して建てる駅であり、ＪＲ北海道もそれを強調しており、北広島市も受け入れを表明した。しかし、当初北広島市が想定していた費用はそれよりもかなり安めだったので、当面は予算の調整、捻出と回収計画の策定に苦労することになるだろう。

とはいえ、半ば諦め気味の声も大きかった新駅がほぼ確実となったのは朗報。新駅には急行が停まらないとか、客の送り出しに2時間はかかりそうだとか問題点は色々指摘されているが、それでも新駅の存在は大きい。

しかし、札幌の立場からいえば、ある意味この新駅によって、ファイターズが完全に「札幌から離れてしまう」ことにもなった。新駅ができても、札幌ドームに比べて「不便になる」ことも確実だ。このように、札幌市民としてはまだまだ文句は無数にあるだろうが、とりあえず移転は決まってしまったこと。この上は、札幌ドームを共用するコンサドーレをもう一度盛り上げつつ、集客の見込める大規模コンサートなどを多数引っ張ってこれるような風土を育てていき、なんとか共存してくれと祈るしかない。うーん、どれも大変そうだなあ。

2019年夏の時点では、新球場予定地はほとんど完全な荒野。だが、この看板の向かい側はすぐ線路で、駅ができれば相当便利な立地だ

改修が決まった北広島駅。今のままでも駅を出るための通路などは良い感じだが、改札が狭すぎて数万人を一気に捌くのは難しそう

札幌市コラム 4

今一番アツい「創成川イースト」ってなんだ?

創成川は元々札幌が開発される際に、水運に使うために作られた人工の川だった。運送の主力が鉄道に移ると今度は染め物を洗うなどの用途で使われたが、他の大都市と同じように1970年代には汚染され、いわゆるドブ川化が進んでしまった。だが、市民の努力によって比較的早く浄化が進み、市も様々な整備を行ったことで、今も市民の憩いの場となっている。

大きな特徴は、市街地中央部で道路が川の下を通る「アンダーパス化」がなされていること。札幌オリンピックに合わせて整備されていた2カ所に加え、2004年から行われた整備で地下部分がさらに増加。今では地上4車線、地下4車線となり、道路の地下部分が増えたことで、地上部分の川が公園化し、この効果で歩行者の交通量が増え、創成川東側の発展を促している。

このエリアは、今では「創成川イースト」注目を集めている。中心となるの

はサッポロファクトリーや二条市場だが、それよりも人気を集めているのは古い下町テイストあふれる街並みにつくられたカフェなど。元は染め物屋や呉服店だったとおぼしき建物を利用した店舗はなかなかの雰囲気だった。

こうしたオシャレエリアは、観光客がサッポロファクトリーや二条市場で「せき止められる」ためか、思ったより観光客が少なく、地元住民が落ち着いて利用できるのもポイントが高い。

とはいえ、こうしたオシャレタウンの寿命も、もしかしたらそれほど長くないのかもしれない。創成川イーストは、二条市場周辺から苗穂エリアまで続く広い地域。元々工場などが多かった苗穂エリアでは、近年マンション建築が盛んであり、人口の増加スピードが半端なく速い。前述の苗穂駅移転によってこの流れはさらに加速しており、古い街並みは徐々に失われつつある。札幌のトレンドはこの創成川イーストから生まれているとまでいわれているのだが、そうした機能がいつまで保持できるかはわからないのだ。

現在進行中の主な再開発は、北海道ガス工場跡地やバスターミナル周辺など。こうした新しい開発も結構だが、札幌市は古い街並みのうち、「使える」ものはある程度保護し、それを活用する方法を考えてほしいものだ。

それにも増して、心配なのは二条市場ののれん横丁だ。市場の一角を利用したこの飲食店街が完成したのは2007年だが、一部の店が有名になりすぎて、行列の店と閑古鳥の店の差が際立っている。実際に両方の店に入ってみたが、確かに人気店の品質は高いが、流行っていない店もそれほど劣っているわけではなかった。こうした状況が続くと、せっかく作った観光エリアがダメになってしまうので、まずはうまくアピール活動を模索するなりして、のれん横丁全体に活気が出るように努力しつつ、不人気店の奮起を促す指導をお願いしたいところである。

第5章
オリンピックの夢再び
札幌は生まれ変わるか

少しは頑張りだした札幌
ただ、そのやり方で大丈夫？

まだまだ続くぞ再開発

さて、2009年、2012年と2回に渡って刊行した『これでいいのか北海道札幌市』『同第2弾』で我々は、散々「札幌は頑張らない」実情をリポートしてきた。これに応えたわけでもないだろうが、それから7年が経過した札幌は、ずいぶん頑張るようになっている。

まず、行政がやる気をみせている。新函館北斗駅へ新幹線が到達する前年の2015年、それまで2035年を予定していた北海道新幹線の札幌延伸が2030年に前倒しすることが決定された。これに合わせるように、大規模な再開発やオリンピック招致活動、カジノを中心とするＩＲ（統合型リゾート）誘致（2019年11月に誘致断念を表明）など、様々な動きが活発化した。オリンピックに関しては、2020年のマラソン・競歩会場決定という大ニュースがあったため詳細は後で述べ、まずは各地の再開発から、まとめていきたい。

ここまでとり上げてきた再開発は、基本的に札幌市の「まちづくり戦略ビジョン」に基づいたものだ。これが始まったのは2013年。2023年までの10年計画である。苗穂駅周辺、新札幌駅周辺などの再開発は、おおよそ計画通りに進行しているといえるだろう。新幹線計画の前倒しの検討が具体化したのは2014年なので、水面下の動きはともかく、現在の再開発ラッシュと直接的な関係はない。ただ、追い風となったのは事実だろう。

新幹線に合わせたものは2019年10月に発表された「札幌市まちづくり戦略ビジョン・アクションプラン2019（この段階ではまだ素案だが）」に示されている。この中の目玉は、やはり「北5西1・西2」地区。つまり、先に紹介した新幹線ホームに近い超巨大ビル建設予定地だ。他にも、札幌パークホテルの敷地に大型ホールや展示場を備えた施設、つまり昨今話題になっている「MICE（マイス）」である。また、2022年から地下鉄南北線さっぽろ駅の改良工事をはじめ、真駒内方面への専用ホームを新設する。

さて、この一連の動きだが、とりあえず新札幌など周辺拠点や駅前ビルは単独でも成り立つものだが、気になるのはMICEである。このMICEというものは、実はIR、というかカジノと密接に関連している。このあたりをまずはみていこう。

変貌したラスベガスを参考に？

実は、IRが盛り上がっているのは、ラスベガスなどのリゾート都市が、近年その性格を大きく変えてきていることが遠因となっている。日本人にとってラスベガスは、カジノで散財してホテルは格安、といったイメージだろうが、近年ではカジノ部門は相対的に大きく縮小しているのだ。

代わりに主役となっているのは「コンベンション（会議）需要」だ。つまり、大型の会議や展示会などの大規模なビジネスイベントである。国内でいえば、東京の東京ビッグサイトのようなものがラスベガスには多数ある。「ラスベガス・コンベンション・センター」には16もの展示ホールがあり、屋内総面積はおおよそ65万平方メートル。ビッグサイトが25万平方メートルほどなので、3倍に迫る広さだ。ラスベガスは元々カジノタウンだったためにホテルが多い。多数の人員が集まるコンベンション利用もしやすいわけだ。これが「ビジネスツーリズム」と呼ばれるようになっており、ラスベガスはカジノに匹敵、もしくは上回る恩恵を、ビジネス用途で預かるようになっている。

インターネットの普及もあって、以前に比べ「日常的な打ち合わせ」などを行うために、様々な業種が1カ所（大都市）に集まっている必要性は薄らいだ。また、国をまたいだビジネスが活発になったことで、年に数回直接商談をしたりするための大規模イベントの重要性が増している。だから、今はＭＩＣＥ施設が必要だし、多くの人を集めるための武器になる、というわけだ。

ただ、ビジネス用途だけでは心許ない。大規模イベントは毎日あるわけでもないし、どうせならビジネス目的でやって来た人にも「息抜き」を提供したい。そうした環境が整っていれば人気が出て、大規模イベントの会場にも選ばれやすいという寸法だ。だからこそ、ＩＲも重要になるのである。

ただ、こうした性質のものなだけにＭＩＣＥとＩＲを備えた「理想的」な環境を作るには広大な土地が必要。平地の少ない日本では、これが難しい。そのため、施設間の移動を楽にした上で複数の地域で役割を分担する必要がある。

今回のＩＲ誘致断念は、こうした地理的条件が大きな要因と考えられる。報道によれば、与党内にも大規模な開発に伴う環境破壊への対策が不十分という声が多かったわけだが、これに関係者の話を加味すると、鈴木直道北海道知事の消極姿勢もみえてくる。鈴木知事は、東京都職員から夕張市長に転向し「立て直し屋」としての実績を積んだ政治家だ。その目からみて、現状のＩＲ誘致は費用対効果に大きな懸念があるという、判断があったのかもしれない。

ＩＲ誘致の候補地は苫小牧などだった。ＭＩＣＥは札幌市がもらって、ＩＲは札幌から移動しやすい場所にしようという算段だ。だが、ＭＩＣＥ予定地の札幌パークホテルは敷地面積約2万平方メートルと狭い。地下鉄の改装は真駒内方面の南北線なので、明らかにさっぽろ駅とＭＩＣＥ施設の接続強化を狙っている。駅改装とＭＩＣＥには合わせて１００億円近くの資金が投入されるのだが、とりあえず直近のＩＲ誘致がなくなった今（コメントは将来的な誘致の可能性を残している）、ＭＩＣＥの建設計画自体が怪しくなってきた。

浮かれた結果市民軽視になっていないか？

こうした一連の動きをみていると、今後の目立つ計画は、新幹線と先行きが不透明になったＭＩＣＥ関連のものとなる。正直、札幌市民にとってこうした大規模開発が、どのくらい「役に立つ」のかは不透明。それよりも、札幌ドームの利用状況を改善して、ファイターズを「もっと利用」できたほうが良かったのでは、と考えるのは自然だし、もっと細かい改革を重ねて、市民に負担を強いているゴミ収集や国民保険料などの軽減につなげて欲しいと思う人も多いだろう。やっぱり、札幌市がのぼせ上がっているのではないだろうか。

「札幌市の努力」がこういう形になっているせいか、開発は活発でも、札幌市民はイマイチ盛り上がっていない。２０１９年の札幌市長選の得票率は、まあほぼオール与党の現職当選だったから56・２５パーセントという「激低」もわかるが、まずまずの激戦となったその前の２０１５年ですら戦後4番目に低い

58・75パーセントだった。これをみるだけでも、札幌市民の無関心体質は変わっていない。以前と変わらず行政と市民はお互いを無視し、問題に向かい合うことはないのだろう。

以前「自分が何もしなくても、きっと誰かがなんとかしてくれる」という姿勢こそが「札幌・北海道気質」だと書いたが、それがここ数年で変わったわけではないようだ。まあ、北海道の完全失業率は2012年の5・2パーセントから2018年には2・9パーセントまで低下したし、多少は改善しているような数字もある。全国平均との差も1パーセントから0・5パーセントに縮まっているので、これは明るい数字だが、相変わらず「差がある」ことは変化していない。

結局、ファイターズの本拠地移転も、行政や経済界が天下りなど「殿様商売」をまったく改めず、むしろ高圧的な姿勢に終始したことが直接的な原因だった。それをみてしまった今、今後の再開発にしても新幹線にしてもIR誘致断念にしても、同様の「ずさんさ」があるかも、と考えるべきである。さすがにもう少し感心をもって、厳しくの内実と経緯を見守るべきだろう。

アジア人観光客もたくさん訪れる、北海道庁。赤レンガの名前で市民からも親しまれている

やっぱり札幌は、なんだかんだいって「理想的な街」すぎるのが問題なのかも。少々の問題は我慢できちゃうからねえ

2030年に冬季五輪は本当にやってくるのか?

まずは1972年のおさらいから

札幌は、2030年の「第2回」札幌オリンピック招致を狙っている。元々は、2020年の東京オリンピックに「合わせ」、2026年の招致に動いたが、北海道新幹線の札幌開通に合わせるべし、という経済界の声があり、また、2018年の北海道地震の影響もあって2030年招致へ計画を変更した。

2020年東京オリンピックは、現在もかなりのゴタゴタ。次の項で詳しく触れる「マラソン・競歩開催地変更」など大荒れである。しかし、札幌の立場からみると「マラソン問題」はともかく、これは1964年の東京オリンピック開催から札幌オリンピックへの「流れ」にかなり似ている。

「最初の」札幌オリンピックは、札幌にとって輝かしい記憶だ。このオリンピックで現在の札幌の街は形作られたといってもよく、つまり住みやすい街札幌を形にしてくれたありがたい大イベントだったのである。しかも、かなりの突貫工事で進められた東京のまちづくりに対する「反省」がかなり活かされたものになった。まずはこの１９７２年札幌オリンピックをおさらいしておこう。

オリンピックの招致活動は、今回と同じく１９６４年の東京オリンピック開催決定直後から始まった。本来は１９６８年に開催したかったのだが、ここでは投票で敗れ断念。その後も誘致活動を続け、１９７２年開催にこぎつけたのである。断念の理由は少々違うが、ほとんど同じ流れなのである。

札幌オリンピック開催に向けて、札幌市では大規模なインフラ整備が行われた。地下鉄南北線や地下通路はこのとき整備されたものだし、大通公園から札幌駅に至るオフィス・商業街が確立したのもこのときだ。また、真駒内につくられた選手村の跡地は、五輪団地として活用された。

もうひとつ大きな効果は「札幌の国際化」だった。オリンピック開催で知名度が上がった結果、観光地としての札幌が確立。現在の「イメージの良さ」は、国内のみならず世界規模だが、それもオリンピックの効果のたまものだったのだ。しかも、オリンピックに合わせて作られた大倉山ジャンプ競技場はＦＩＳワールドカップの「レギュラー会場」に組み込まれ、スキー競技の盛んなヨーロッパを中心に、継続的に札幌の名を発信し続けることとなった。

また、札幌オリンピックは「開催後の問題が少ない」ものでもあった、少なくとも他の開催地に比べれば。例えば東京は、オリンピックに合わせて突貫工事で作られた首都高速道路。元々あった江戸城のお堀や運河などを無理矢理道路にしたこともあり、アップダウンは激しいわ曲がりくねっているわ、ジャンクションはやたらと難しいわと、世界にもまれに見る「難コース」となった。これは現在に至るまで禍根となり、渋滞を激しくするのに大きく寄与している。また、会場準備やそれに伴うインフラ整備は、オリンピック成功のためにまさにオールニッポンで行われ、割に合わない費用と工期を強いられた。オリンピックは成功したといえるだろうが、その後苦境に陥る企業も多かったのである。それが社会問題化しなかったのは、単に国全体が高度経済成長期にあり、そのマイナスを吸収できたからに過ぎなかったのだ。

これに対して札幌は、恵庭岳のアルペンのダウンヒルコースが大規模な環境破壊となり、この「復旧」が終わったのはつい最近という大問題があった。そもそもダウンヒル競技は、自然にできているコースを「ほぼそのまま」使用するものなので、オリンピック開催は、本来ダウンヒルなどできない場所が「招致してはならない」という課題を残した。１９９８年の長野オリンピックでも、これは大きな問題となった。が、いってしまえばこれ以外はそれほど「将来への禍根」が残らなかったともいえる。まあ確かに手稲のボブスレー競技場が恐ろしげな廃墟になっているとか問題はあるのだが、まあ我慢できる範囲に収まったといえる。

東京の反省は今回も活かせるのか

１９７２年の「成功」は、ある程度十分な準備期間がとれたこと、１９６４年東京のノウハウがあったこと、そもそも札幌が東京に比べ「開発しやすい」地域であったことなどが大きな要因だった。では、次の２０３０年は、同じような成功が期待できるのだろうか。

2020年東京オリンピックは、コンパクトな「安さ」が売りだったのに、結局当初予定の4倍（組織委員会の公表値でも倍増）に及ぶ予算規模となってしまった。これに対し、札幌は2030年の経費総額を3100〜3700億円という超低予算で行うとしている。絵に描いた餅となった東京の「コンパクト予算」ですら7〜8000億円だったのだ（現在は3兆強と算出されている）、本当にこれが実現可能なのか。

市の構想によれば、施設が必要なスピードスケートは帯広で開催、前回問題となったアルペンは既存コースが使えるニセコ（開催実績からいえば富良野も候補に入れるべきだと思うが）、フィギュアスケートやリュージュ・スケルトンは既存施設の改修で賄うとしている。要するに1972年の施設を最大活用するわけだ。ただ、例の廃墟化したボブスレー会場は建て替えとのことで、これに対しては「市内にほとんど競技人口のいないボブスレー会場を作るのは無駄」というあまりにもっともな意見も耳にしたが、じゃあ競技人口の多い長野で開催するというわけにもいかない（それを本気で検討するのも面白いとも思うが）。

ただ、このボブスレー会場の問題は、別の意味で１９７２年オリンピックの「開催後に起こった問題」を表している。オリンピックは大いに盛り上がったが、しかしその後の札幌が、ウィンタースポーツの「メッカ」という意味では、期待ほど成長しなかったという問題だ。ジャンプなど成功したものはあるが、スピードスケートは帯広など、アルペンも世界レベルの選手を出したのは、道内では小樽や大野（現北斗市）だ（湯浅直樹は札幌出身だが）。

これは、「純粋に大都市」である東京にはない課題といえるだろう。確かに、東京の新国立競技場はオリンピック後の利用方法があまりに不透明ですでに大問題と化しているが、スポーツ以外のイベントも多い東京なら、強引に活用することは可能だろう。だが、札幌は大都市ではあっても地方都市。競技人口の拡大は切実な課題といえる。

まあ、大規模な建設を伴わず、驚異的な低予算を予定しているのはいいことだ。だが、それに伴う問題もある。帯広やニセコはなんだかんだいって遠い。そこまでの移動手段は鉄道にしても道路網にしても、オリンピッククラスの大イベントにおいては少々心許ない。現状では「歴史に残る大渋滞大会」の汚名を被ることも危惧しておかなければならない。また、既存施設にしても、現代の基準からすれば「ショボすぎる」ものもあるだろう。散々批判される東京の新国立競技場にしても、改修程度では使えないという切実な問題があったのも事実だ（だからこそ誘致すべきではなかったという意見もずっとあるけど）。

どのみち、当初の計画通りの予算では無理だと考える方が安全なのは変わらない。課題は「どこまで増やさずに済むか」である。ここは、なんだかんだでハコモノ地獄に陥った東京を横目にみつつ、既存の公園に仮設施設を作りまくって成功を収めたロンドンなど、最近の成功例をきっちり参考にして、なんとか札幌市には「2度目の成功」をおさめてもらいたいものだ。

そして、そんな札幌にとって、大きな追い風となっているのが、次項でお話しする2020年オリンピックマラソン・競歩競技の開催だ。このチャンスをどう利用するかで、2030年「激安」オリンピックの可能性が大きく変わってくる。これに成功すれば、招致活動において、かなりのアドバンテージを得られるはずだ。

大倉山はすでに国際的な競技場となった。しかもW杯が毎年行われている「現役」だ。低予算五輪実現の可能性は確かに存在する

2020年のマラソン・競歩で得られるものと課題

絶好の予行練習とアピール材料だが

2019年10月16日、札幌を大いに揺るがすニュースが飛び出した。2020年東京オリンピックのマラソン・競歩競技会場を札幌開催に変更する検討を、IOC（国際オリンピック委員会）が始めたというのだ。この背景には気温と湿度が非常に高い夏の東京の気象条件と、直前の10月6日に閉幕したドーハ（カタール）の世界陸上競技選手権大会マラソン競技において、暑さで棄権・リタイアをする選手が続出したことがある。

この案はほぼそのまま決定になり、事実上従うしかない東京都も渋々同意した。まあ、そもそも暑さ対策としてマラソンコースに設置した「遮熱性舗装」

がかえって逆効果になる場合があったり、それ以外の対策がアサガオを並べて涼やかになどというトンチンカンなものばかりだったなど、東京都にも反省すべき点はままあるが、あまりの「突然の変更」に全国が仰天した。

が、徐々に事情がわかってくると、様相は変わってくる。そもそも招致段階か開催決定直後から、マラソンなどの札幌開催は一応案として検討されていたという話も出てきたのだ。その通りだったなら、「聞いていない」のは小池東京都知事だけで、責めるべきは余りに遅い決断だけという話だが、その真相がわかるのには、もう少し時間がかかるだろう。

ただ、札幌市としては迷惑な面もある。もし、札幌案が最初からあり、それが早く決定されていれば「他地域での開催でも経費は東京都持ち」が適応されたはずだったのだが、このタイミングでは東京都も当然反発し、結局「東京は負担しない」ことが合意の条件として確定してしまった。とはいえ、現在進行中の大規模再開発と、ある程度「ついで」にマラソン準備を行うことができる札幌市としては、2030年に開催を目指す冬季オリンピックに向けた絶好のアピール機会と「予行練習」の機会を得たという、プラス条件のほうが大きいといえるだろう。

マラソンの準備に必要な道路整備などに関しても、1987年から開催されている北海道マラソン（8月開催）の実績もあり、比較的低予算に抑えられる可能性がある。最大の問題としては、スタート、ゴール地点には、ほぼ確実に大通公園が選ばれることで、恒例のビアガーデンが開催不能、もしくは会場の移転など大幅な変更が必要になってしまうこと。これに対しては、道外メディアによる誹謗中傷（この表現問題になっているけど、実際誹謗中傷されている のは事実）があったり、マラソン・競歩の札幌開催に反対意見が寄せられていることが大々的に報道されたりしているが、実際問題としては札幌市民も他地域の人々も「まあこれはこれでありだよね」という消極的承認姿勢が多いようだ。

肝心のコース設定と札幌の課題

肝心のコースだが、8月開催ということで、札幌といえど日陰対策には注意を払う必要があり、北海道マラソンのコースをそのまま使うのは難しそうだ。

２０１９年12月19日に決定されたコースは、当初の大会組織委員会案に近いもので、大通公園を出発し、前半の20キロは市の中心部を1周し、後半の20キロは北大の敷地内を含む北半分部分を2周する「変則３周」となった。やはり、北海道マラソンのコースにある、市北部の「新川通」往復約13キロ部分はカットとなった。

コースについては、事実上の予行練習にあたるプレ大会が行えないなどの問題もあるが、札幌市にとってもっと問題なのは、多数の選手・スタッフやマスコミ、来客に対する宿泊地の確保や交通整理対策などだろう。

これは考え物だ。仮に、２０３０年のオリンピック開催が決まっていたのなら、どちらにしろこうした施設の拡充、新設は必須なので、単に前倒しをして建設となるのだが、残念ながらそうではない。２０２０年に合わせて急ピッチで進めることも、少なくとも一部は可能だろうが、ホテルを数カ月で増やすのは絶対に不可能だ。ほぼすべてを既存の施設利用で「しのぐ」にはかなりの知恵が必要。まあ、プレスセンターはさっぽろ創世スクエアの空きスペースをとりあえず２０２０年まで誰にも貸さないなどの対策はとれるだろうが、頭が痛いのはホテル問題だろう。オリンピックに合わせて予約合戦や価格の上昇が予測され、逆にそれを避けて人が集まらないなんてこともある。市内だけではなく、急ピッチでホテル建設が進む函館までも「範囲」に入れて、全道的に取り組む必要があるのかもしれない。

逆説的に、これによって2030年招致も、絶対に失敗できないものになっている。どちらにしろ、2020年は北海道も札幌市も何らかの出費をせねばならない。当然、これは2030年にも使えるものを想定するし、ホテル建設の促進も同じ条件だ。

ただ、こうした問題があったとしても、市民的には「もっとも懸念」されていた、大通公園のビアガーデンが、オリンピックのおかげで2020年は開催されないかも、という懸念が払拭され、開催する方向で調整に入ったことによって「問題はクリア」されたというべきだろう。この「次回札幌オリンピックプレ大会」を、ビールを飲みながら身近で観戦し、その成功をもって「2030年の本番」に臨むことができる。失敗は許されないが、総合的には札幌にとってこのマラソン・競歩開催地変更は、なかなかオイシイ話になりそうだ。

東京 2020 オリンピックマラソンコース
宮の森・北 24 条通
北海道大学
札幌駅
北海道庁旧本庁舎
Start
さっぽろテレビ塔
Finish
すすきの駅
中島公園

第二次開拓が始まった目指すビジョンを明確に

もはや動くしかない！　ではどう動く？

長きにわたって札幌市の今をみてきたが、いかがだったろうか。前半は変わらない札幌と市民の姿、後半はその中で変わりつつある部分を取り上げたわけだが、正直実感としては、まだまだ札幌市民は「今まで通り安寧」としていられそうだ。確かに、再開発は進んでいるが、その多くは中心部や一部の地域。多少便利になることはあっても、生活を一変させるような変化はまだ起きていない。

が、うかうかしていると、ともすれば悪い方向へ進んでしまうかもしれない「瀬戸際」にいることは確かだ。

まず、懸念すべきなのは、札幌市はどんな未来を目指しているのかの「具体的」なイメージがほとんどわからないことだ。「札幌市まちづくり戦略ビジョン」の「私たちが目指す札幌市の将来」項目をみると、「北海道の未来を創造し、世界が憧れるまち」「札幌型ライフスタイルの追求」「互いに手を携え、心豊かにつながる共生のまち」といった言葉が並んでいる。もう全然である。あまりに抽象的すぎる。

まあ、これは「ビジョン編」なので、続いて「戦略編」の冊子をみる。が、ここでも曖昧さは変わらない。一応、「食のブランド力と海外輸出の強化」「観光産業の同士や近隣地域との連携強化」「環境産業の創造」といった言葉はあるが、これも具体性が全然みえない。

たとえば、札幌よりもはるかに元気のない「大都市」である福岡県北九州市は、暗黒の歴史である公害問題を克服した実績をもとに環境産業を強化して、巨大なエコ産業地域を作り、さらにそこで風力や高性能環境対策型発電を行い「安い電力料金で企業を誘致」といった目標を掲げている。どちらに具体性を感じるかは聞くまでもないだろう。

それよりも歯がゆいのは、今や「先進国の稼ぎ頭」といえるＩＴ産業への言及があまりに少ないこと。過去、札幌は福岡と並ぶ、地方コンピューターソフト産業の集積地だった。というかハドソンの没落以来目立たなくなっているだけで、今もその力をある程度は保っている。歴史と伝統がある市の強みなのだ。しかし、そんなものは知りませんでしたといわんばかりの態度にみえる。

近年、ＩＴ産業の集積地となっている地域は、札幌のような「住みやすい街」だ。マイクロソフトやアマゾンのあるシアトルと札幌は非常によく似ている。要するに、通勤が楽で遊ぶ所が近い余裕のある環境が、イノベーションを生むのである。ついでにとりあえず安く暮らせることも重要だ。どうだろう、札幌には全部揃っているではないか。現実的にできるできないや、実際は大した興味がなかったとしても、とりあえず言及するくらいはしてもらいたいところだ。

姿勢も考え方も甘くちぐはぐぶりが目立つ

こうした曖昧さや具体性のなさを生んでいるのは、散々指摘してきた「札幌体質」のなせる技だろう。頑張らなくてもそこそこ気分良く暮らせる街札幌。北海道の富を独り占めしているから、放っておいてもなんとかなってしまう街札幌。頑張らない体質に安穏としてしまうのも仕方がないのは当然だ。

だが、それはもう持たない。札幌が不調ながらのんびりしているうちに、道内他地域は存亡の危機どころか、大分前に滅亡している場所が続出。吸い取る元がなくなってしまっては、札幌もいずれ激しい衰退の時を迎えるだろう。

しかし札幌にできることは限られている。札幌には、基本的にオフィスと商業、そして住居しかない。確かに観光都市ではあるが、時計台やクラーク像など、札幌市民自らが「ガッカリスポット」と自虐する、大して観光資源がある街ではないのだ。

そんな札幌にできること、それはリーダーシップを発揮して、北海道全体を「導く」ことだ。食のブランドなどといっても、札幌で作られている作物はほとんどない。海産物に至っては、海自体がないのである。もう「連携」などといっている場合ではないのだ。「頑張って作ってくれ、それをガンガン売ってくるから！」と北海道全体を励まし、実際に金を稼ぐ街になる必要がある。つまり、すでに持っている実力と役割を再認識し、それを強調するべきだと思うのだが、どうだろうか。

また、戦略性にも欠けているようにみえて仕方がない。たとえば、冬季オリンピックの招致は２０３０年を目指しているわけだが、肝心の新幹線が本当に２０３０年までに札幌へ到達するかどうか油断成らない。というか、ＪＲ北海道がいっているのは「２０３１年春」なのだ。オリンピックは基本的に２０３０年２月に開催される大会。まる１年ズレている。当然ながら、さらなる前倒しの要請はなされているのだが、事実上創業時から窮地に陥っているＪＲ北海道が相手である。２０３１年どころか、もっと遅れることだって念頭に置かなければならない。いっそ、今の段階から２０３４年に万全の体勢で、といったほうが安全なのに、どうも「なんとかなるでしょ」的な態度に見えてしまう。というか、そう考えると２０２６年招致の計画はなんだったのか。オリンピックを開催する「根拠」が何もなかったではないか。

こんなことをしてしまう北海道や札幌市をあまり信用できないのは、やっぱり仕方がないといえるだろう。

今からでもガンガン意見を出さなくては！

しかし、日本は民主主義国家である。どのくらいの比重かはともかく、政治や行政がダメなのは、それを選んでいる市民の責任なのだ。これまでのように放ったらかしではなく、もっと地元の未来に参加するべきではないだろうか。

そのためには、関心を持つことが第一歩となる。今街に何が起こっているのか、これから何が起きようとしているのか。別に投書をしたりデモをやったり、ストライキを起こしたりする必要はない。それはいよいよ我慢ならなくなった場合にとっておいて、まずは知ることが重要だ。

その意味では、北海道日本ハムファイターズが札幌ドームを去るという「事件」は、札幌の目を覚ますための、きっかけとするべきだろう。市民の気分を害し、重要な収入源を失うことになるこの事件だが、ずるずると今のままでいると、別の場所でもまた起こってしまうということを、広く認識できたことは悪くないといえる。

とりあえず、当面の間はオリンピック関連の話題があるので、市の行いと未来に興味を持ちやすい状況が続く。すでに始まっている再開発を含む、新たな「開拓」の未来をよりよいものにしやすい幸運が、札幌にはある。これを無駄にしてはならないだろう。まずは、２０２０年のマラソンがどのような形で開催されたかをきっちり覚えておき、未来を考えるための貴重な参考データとするべきだ。

そうすれば、先ほどお話ししたリーダーシップを発揮することも可能になるだろう。北海道の苦しさは、札幌の比ではない。他の地域が何に苦しみ、どこに問題があるのかがわかれば、手をさしのべることも可能になる。これからは、富を吸い上げるのではなく、札幌の力を発揮して「札幌が北海道を助ける」ようにならなければならない。札幌以外に、それができる街はないのだから。

大変偉そうな話になってしまい恐縮だ。が、「大志を抱け」の街である。札幌市民には、たくましい開拓者のＤＮＡが息づいている。それを呼び覚ますことが、札幌市を、北海道を、そして日本をもう一度勢いづける。それを達成したら、また「パラダイス」にもどってきて、のんびり暮らそうじゃないか。

札幌最大の取り柄はやはりビジネス拠点としての力。北海道全体を考え助けることは、そのまま札幌の力になる。もっと頑張ろう

再開発は進んでいるが、街の再生はまだ始まったばかり。まずは今不便なところ、問題があるところを各自で考えることから始まる

あとがき

今回の取材は9月の始めに行った。大抵、地方都市の取材に際しては2～4人のスタッフが参加し、取材項目の確認を兼ねて日程の初日か2日目に集まり、食事をする。今回は札幌ということで、ビアガーデンに期待に胸を膨らませて大通公園に赴くと、無情にもビアガーデンは数日前で終了していた。気を取り直してジンギスカンの有名店に向かうも大行列。この店にはなんとか入ったが、昨今の観光事情をいきなり垣間見ることになった。

来年は、確実にいつも通りの形でビアガーデンを開くことが不可能だと考えると、やはり寂しい気がする。また「赤れんが庁舎」の改修工事も、始まったばかりだというのに中断されることになった。すべてはオリンピックのマラソン・競歩に合わせて起こった「変化」である。

いきなりこうした「事件」に振り回されたが、久々にこの取材は、あまり辛いと思うこともない、楽しいものだった。徒歩以外に交通手段のない山奥やら、人が寄りつかない海岸やら、厳しい場所は取材対象ではなかったし（そうした場所は前回、前々回でカバーしてある）、何より札幌には、充実した交通網がある。おかげで、翌月以降の取材活動が、どうしても札幌と比較してしまうことで、実際以上に厳しく感じることとなった。この1点だけをとっても、札幌がパラダイスな街であることの、大きな証明だ。

それよりも、改めていっておくが、新幹線開通にあわせて、函館が札幌の強力なライバルになる可能性には、大いに危機感を抱いて欲しい。本文中で紹介したとおり、函館は全国的に非常によいイメージを持たれている。その実情は、札幌とは比べものにならない衰退都市だが、これは侮れない。札幌と新幹線で繋がることで、かなりの観光客が函館に流れることだろうし、ホテルの充実度、観光地の魅力などは、十分札幌と戦う力がある。

これに関しては、のほほんとはしていられない。だが、そんな危機感を持たないからこそ、札幌は魅力的なパラダイスな街になっているのもまた事実。この上はどうか、不毛な争いではなく、札幌が函館を「育て」て共存共栄な未来を期待したい。また近いうちに、札幌の街を訪れる機会はあるだろう。その日を楽しみに、一旦筆をおかせてもらうことにしよう。

参考文献

・田端宏　桑原真人　船津功　関口明
『北海道の歴史』　山川出版社　２０１０年
『るるぶ札幌 小樽'13』　ＪＴＢパブリッシング　２０１２年
『札幌本』エイ出版社　２０１３年
『ぴあ札幌食本２０１３→２０１４』　ぴあ　２０１３年
・堀淳一
『地図の中の札幌』　亜璃西社　２０１２年
・東北都市学会
『東北都市事典』　仙台共同印刷　２００４年
・田中和夫
『北海道鉄道なんでも事典』　北海道新聞社　２０１３年
『写真アルバム　札幌市の昭和』　いき出版　２０１２年
・三浦竜&日本史倶楽部

『地図に隠された「県民性」の歴史雑学』　三笠書房　２００９年
・武光誠
『知っておきたい日本の県民性』　角川学芸出版　２００９年

【サイト】
・北海道大学
http://www.hokudai.ac.jp/
・どうしんウェブ　北海道新聞
http://www.hokkaido-np.co.jp/
・北海道ファンマガジン
http://pucchi.net/
・朝日新聞
https://www.asahi.com/
・読売新聞

https://www.yomiuri.co.jp/

・毎日新聞

https://mainichi.jp/

・産経新聞

https://www.sankei.com/

・日本経済新聞

https://www.nikkei.com/

・北海道

http://www.pref.hokkaido.lg.jp/

・札幌市

http://www.city.sapporo.jp/

・札幌市中央区

http://www.city.sapporo.jp/chuo/

・札幌市北区

http://www.city.sapporo.jp/kitaku/

・札幌市東区

http://www.city.sapporo.jp/higashi/

・札幌市白石区

http://www.city.sapporo.jp/shiroishi/

・札幌市厚別区

http://www.city.sapporo.jp/atsubetsu/

・札幌市豊平区

http://www.city.sapporo.jp/toyohira/

・札幌市清田区

http://www.city.sapporo.jp/kiyota/

・札幌市南区

http://www.city.sapporo.jp/minami/

・札幌市西区

http://www.city.sapporo.jp/nishi/

・札幌市手稲区
http://www.city.sapporo.jp/teine/
・ＰＨＰ総研
http://research.php.co.jp/
・自治体ドットコム
http://www.jichitai.com/
・共生社会政策
http://www8.cao.go.jp/souki/
・ＪＲ北海道
http://www.jrhokkaido.co.jp/
・ＪＲタワー
http://www.jr-tower.com/
・札幌市円山動物園
http://www.city.sapporo.jp/zoo/
・旭山動物園

http://www5.city.asahikawa.hokkaido.jp/asahiyamazoo/

・札幌ドーム

http://www.sapporo-dome.co.jp/

・総務省統計局

http://www.stat.go.jp/

・北海道警察

http://www.police.pref.hokkaido.lg.jp/

・厚生労働省

http://www.mhlw.go.jp/

・農林水産省

http://www.maff.go.jp/

・北海道開拓記念館

http://www.hmh.pref.hokkaido.jp/

・石狩市

http://www.city.ishikari.hokkaido.jp/

・北広島市
http://www.city.kitahiroshima.hokkaido.jp/
・地域ブランドＮＥＷＳ
http://tiiki.jp/news/
・ダイアモンド就活ナビ２０１４
https://navi14.shukatsu.jp/14/
・いい部屋ネット
http://www.eheya.net/
・不動産・賃貸・住宅情報「ホームズ」
http://www.homes.co.jp/
・Ｄｙｂｏｏｋｓ
http://www.dybooks.jp/
・札幌観光協会
http://www.sta.or.jp/
・さっぽろ羊ヶ丘展望台

http://www.hitsujigaoka.jp/
・札幌街コン　エゾコンＭＡＸ　９ｔｈ
http://max.ezokon.com/
・シティヘブンネット
http://www.cityheaven.net/
・うめちかナビ
http://www.umechikanavi.jp/
・食べログ　北海道
http://tabelog.com/hokkaido/
・北海道じゃらん
http://www.recruit-hokkaido-jalan.jp/

●編者
鈴木士郎
1975年東京都生まれ。編集者、ライター。地域批評シリーズに創刊時よりスタッフとして参加。過去の担当地域は北海道から鹿児島県までと、北端と南端をカバーしてしまったが、未だ未踏の地も多い。近著に『地域批評シリーズ30 これでいいのか東京都武蔵野市』など。

みたむらみっち
1975年札幌市南区生まれ。北星学園女子短期大学英文科卒。様々な職を転々としフリーライターに。札幌在住歴＝年齢、の生粋の札幌っ子。サッポロラブで札幌以外に住む気なし。

地域批評シリーズ㊸　これでいいのか 北海道札幌市
2019年12月23日　第1版　第1刷発行
2020年　4月30日　第1版　第3刷発行

編　者　鈴木士郎
　　　　みたむらみっち
発行人　武内静夫
発行所　株式会社マイクロマガジン社
　　　　〒104-0041　東京都中央区新富1-3-7 ヨドコウビル
　　　　TEL 03-3206-1641　FAX 03-3551-1208（販売営業部）
　　　　TEL 03-3551-9564　FAX 03-3551-0353（編　集　部）
　　　　http://micromagazine.net/
編　集　髙田泰治 / 清水龍一
営　業　城後夏希 / 山崎剛
装　丁　板東典子
イラスト　田川秀樹
協　力　株式会社エヌスリーオー
印　刷　図書印刷株式会社
※定価はカバーに記載してあります
※落丁・乱丁本はご面倒ですが小社営業部宛にご送付ください。送料は小社負担にてお取替えいたします

※本書の内容は2019年11月25日現在の状況で制作したものです。

2020 Printed in Japan　ISBN　978-4-89637-951-8　C0195